世界の国旗

国旗で学ぶ世界の国々

はじめに

　地球儀や世界地図帳を見ると、世界にはたくさんの国が存在していることに驚かされます。そして、その国ごとに国家を象徴する旗、すなわち国旗があります。

　国旗は、国家や民族を象徴し尊厳を表すものとして、通常どの国でも大切に扱われています。政府機関、学校、裁判所、国連、国際的な会議などの公的行事や公的機関で掲揚され、また、オリンピック・ゲームやサッカー・ワールドカップ、ベースボール・クラシックや世界陸上などの世界的規模のスポーツ・イベントでも、その国を象徴するシンボルとして使用されたりしています。

　国の象徴物である国旗の由来や意匠は、その国の歴史や文化を物語っているものも多く、国旗を知ることは、その国を知るための大いなる一助となります。また、国旗を見る上で注意しなければならないことがあります。それは、国旗の縦横比率がすべて同じではないということ、似ているような色でも色彩が国によって異なっているということです。

　本書は、日本が独立国として承認している国の国旗に国際オリンピック委員会に加盟している地域の地域旗、国際機関の機関旗など200以上の旗を取り上げました。「国の成り立ちと国旗のいわれ」や「国旗の制定年」「日本との関係」「国名の公用語での表記」など、国旗やその国の周辺情報、日本との関係なども掲載し、国旗だけでなく各国の概要を知るための資料としても使えるように編集しました。

　学習や教養として、世界の国々を知るための入門書として、必要に応じて本書を活用していただければ幸いです。

2016年6月

この本の構成

- 国名
- 英語による国名

- 国名コード
- 首都の位置

- 現国旗の縦横の比率

- 現国旗

- 国の成り立ちと国旗のいわれ

- 国の位置

- 独立年
- 首都
- 面積
- 人口
- 主な言語（公用語）
- 宗教
- 政体
- 民族
- 主要な通貨
- 主な対日輸出品
- 日本との国交
- 現国旗制定年

- 国名の現地公用語での表記

一般的な旗の各部とその用語

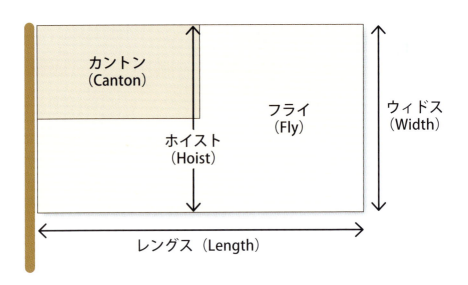

バッジ (Badge)	フライにつける記章。紋章(coat of arms)や、よりシンプルな盾形のこともある。
カントン (Canton)	左側（ホイスト側）の上半分を指す。たとえば星条旗の星の図案、あるいはオーストラリアの国旗にあしらわれたユニオン・ジャックの部分。
チャージ (Charge)	旗に描かれる像やシンボル。
エンブレム (Emblem)	チャージとして使われる図案。伝統的な紋章が起源になっているものと、近代になって作られたものがある。たとえばカナダの国旗のメイプルリーフなど。
フィールド (Field)	旗の背景。チャージの背後の色。
フィンブリエーション (Fimbriation)	細い境界線。白や金のことが多く、2つの色を分けるために使われる。
フライ (Fly)	旗竿の反対側、風下側。旗尾側あるいは旗面。
ホイスト (Hoist)	旗竿側、風上側。旗の高さを意味することもある。
レングス (Length)	旗竿と直角をなす方向を測った幅。
ウィドス (Width)	旗竿と平行になる方向を測った幅。
ヘッド	旗面上部
フット	旗面下部

旗の基本的パターン

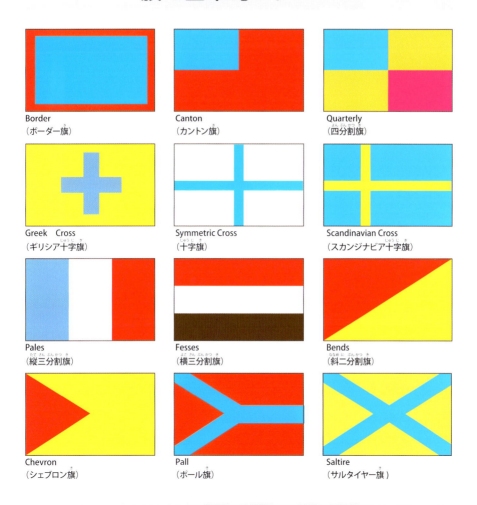

掲揚手法

ホイスト（Hoist）	旗竿の先まで旗を掲揚すること。
ハーフスタッフ（Half Staff）	半旗。旗竿の掲揚できる高さの半分の高さで掲揚すること。通常は旗竿の先まで掲揚し、その後に半分まで下げる。これは通常、喪に服していることを表わしたり、悲嘆や哀悼を意味する。
ハーフマスト（Half Mast）	ハーフスタッフと同様の掲揚方法で、三分の二の高さに揚げること。海軍で使用される。
ディストレス（Distress）	逆さまに旗を掲揚すること。逆掲揚。

目次

はじめに	2
この本の構成	3
一般的な旗の各部とその用語	4
旗の基本的パターン	5

アジア

アフガニスタン・イスラム共和国	16
アラブ首長国連邦	17
イエメン共和国	18
イスラエル国	19
イラク共和国	20
イラン・イスラム共和国	21
インド	22
インドネシア共和国	23
オマーン国	24
カタール国	25
カンボジア王国	26
クウェート国	27
サウジアラビア王国	28
シリア・アラブ共和国	29
シンガポール共和国	30
スリランカ民主社会主義共和国	31
タイ王国	32
大韓民国	33
中華人民共和国	34
朝鮮民主主義人民共和国	35
トルコ共和国	36
日本	37
ネパール連邦民主共和国	38
パキスタン・イスラム共和国	39

バーレーン王国	40
バングラデシュ人民共和国	41
東ティモール民主共和国	42
フィリピン共和国	43
ブータン王国	44
ブルネイ・ダルサラーム国	45
ベトナム社会主義共和国	46
マレーシア	47
ミャンマー連邦共和国	48
モルディブ共和国	49
モンゴル国	50
ヨルダン・ハシェミット王国	51
ラオス人民民主共和国	52
レバノン共和国	53
地域 台湾（中華民国）	54
地域 パレスチナ自治政府	55
地域 香港	56
地域 マカオ	57

ヨーロッパ

アイスランド共和国	60
アイルランド	61
アルバニア共和国	62
アンドラ公国	63
イタリア共和国	64
英国（グレートブリテン及び北アイルランド連合王国）	65
エストニア共和国	66
オーストリア共和国	67
オランダ王国	68

キプロス共和国	69
ギリシャ共和国	70
クロアチア共和国	71
コソボ共和国	72
サンマリノ共和国	73
スイス連邦	74
スウェーデン王国	75
スペイン	76
スロバキア共和国	77
スロベニア共和国	78
セルビア共和国	79
チェコ共和国	80
デンマーク王国	81
ドイツ連邦共和国	82
ノルウェー王国	83
バチカン	84
ハンガリー	85
フィンランド共和国	86
フランス共和国	87
ブルガリア共和国	88
ベルギー王国	89
ポーランド共和国	90
ボスニア・ヘルツェゴビナ	91
ポルトガル共和国	92
マケドニア旧ユーゴスラビア共和国	93
マルタ共和国	94
モナコ公国	95
モンテネグロ	96
ラトビア共和国	97
リトアニア共和国	98
リヒテンシュタイン公国	99
ルーマニア	100
ルクセンブルク大公国	101

NIS諸国 (New Independent States)

アゼルバイジャン共和国	104
アルメニア共和国	105
ウクライナ	106
ウズベキスタン共和国	107
カザフスタン共和国	108
キルギス共和国	109
ジョージア	110
タジキスタン共和国	111
トルクメニスタン	112
ベラルーシ共和国	113
モルドバ共和国	114
ロシア連邦	115

アフリカ

アルジェリア民主人民共和国	118
アンゴラ共和国	119
ウガンダ共和国	120
エジプト・アラブ共和国	121
エチオピア連邦民主共和国	122
エリトリア国	123
ガーナ共和国	124
カーボヴェルデ共和国	125
ガボン共和国	126
カメルーン共和国	127
ガンビア共和国	128
ギニア共和国	129
ギニアビサウ共和国	130
ケニア共和国	131
コートジボワール共和国	132
コモロ連合	133
コンゴ共和国	134
コンゴ民主共和国	135

サントメ・プリンシペ民主共和国	136		リビア	168
ザンビア共和国	137		リベリア共和国	169
シエラレオネ共和国	138		ルワンダ共和国	170
ジブチ共和国	139		レソト王国	171
ジンバブエ共和国	140			
スーダン共和国	141		**南北アメリカ**	
スワジランド王国	142			
セーシェル共和国	143		北アメリカ	
赤道ギニア共和国	144		アメリカ合衆国	174
セネガル共和国	145		カナダ	175
ソマリア共和国	146		アンティグア・バーブーダ	176
タンザニア連合共和国	147		エルサルバドル共和国	177
チャド共和国	148		キューバ共和国	178
中央アフリカ共和国	149		グアテマラ共和国	179
チュニジア共和国	150		グレナダ	180
トーゴ共和国	151		コスタリカ共和国	181
ナイジェリア連邦共和国	152		ジャマイカ	182
ナミビア共和国	153		セントクリストファー・ネーヴィス	183
ニジェール共和国	154		セントビンセントおよび グレナディーン諸島	184
ブルキナファソ	155		セントルシア	185
ブルンジ共和国	156		ドミニカ共和国	186
ベナン共和国	157		ドミニカ国	187
ボツワナ共和国	158		トリニダード・トバゴ共和国	188
マダガスカル共和国	159		ニカラグア共和国	189
マラウイ共和国	160		ハイチ共和国	190
マリ共和国	161		パナマ共和国	191
南アフリカ共和国	162		バハマ国	192
南スーダン共和国	163		バルバドス	193
モザンビーク共和国	164		ベリーズ	194
モーリシャス共和国	165		ホンジュラス共和国	195
モーリタニア・イスラム共和国	166		メキシコ合衆国	196
モロッコ王国	167	地域	アルバ	197

地域 ケイマン諸島	198
地域 アメリカ領ヴァージン諸島	199
地域 イギリス領ヴァージン諸島	200
地域 バミューダ島	201
地域 プエルトリコ米国自治連邦区	202

南アメリカ

アルゼンチン共和国	203
ウルグアイ東方共和国	204
エクアドル共和国	205
ガイアナ共和国	206
コロンビア共和国	207
スリナム共和国	208
チリ共和国	209
パラグアイ共和国	210
ブラジル連邦共和国	211
ベネズエラ・ボリバル共和国	212
ペルー共和国	213
ボリビア多民族国	214

オセアニア

オーストラリア連邦	216
キリバス共和国	217
クック諸島	218
サモア独立国	219
ソロモン諸島	220
ツバル	221
トンガ王国	222
ナウル共和国	223
ニュージーランド	224
バヌアツ共和国	225
パプアニューギニア独立国	226

パラオ共和国	227
フィジー共和国	228
マーシャル諸島共和国	229
ミクロネシア連邦	230
地域 グアム	231
地域 アメリカ領サモア	232
地域 ニウエ	233

その他（国際機関他）

国際連合	234
国際連合児童基金	235
国際連合教育科学文化機関	235
国際原子力機関	236
世界保健機関	236
石油輸出国機構	237
欧州連合	237
赤十字社	238
赤十字国際委員会	238
国際オリンピック委員会	239
国際パラリンピック委員会	239

附録

グレートブリテンおよび 北アイルランド連合王国の旗	240
アメリカ合衆国の州旗	241
アイウエオ順　INDEX	

地域別世界地図

各国別世界地図

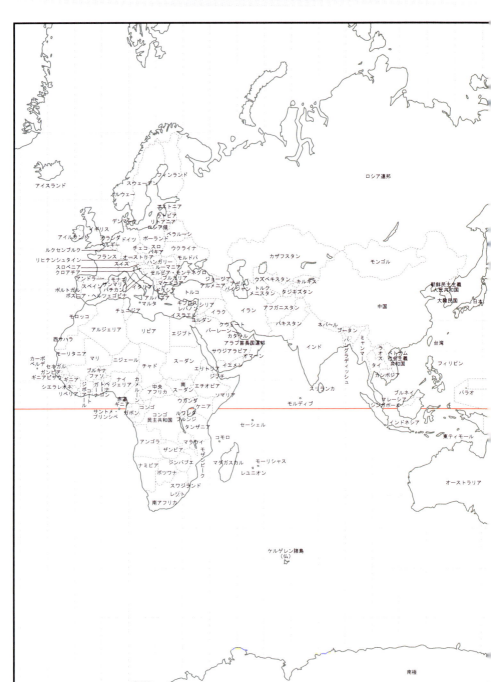

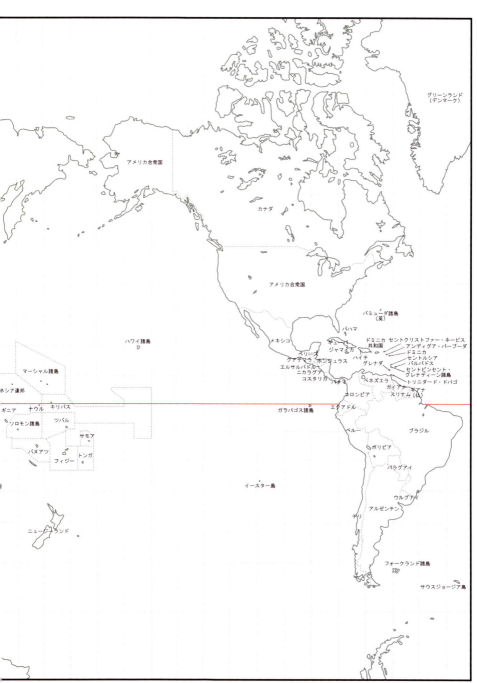

アジア

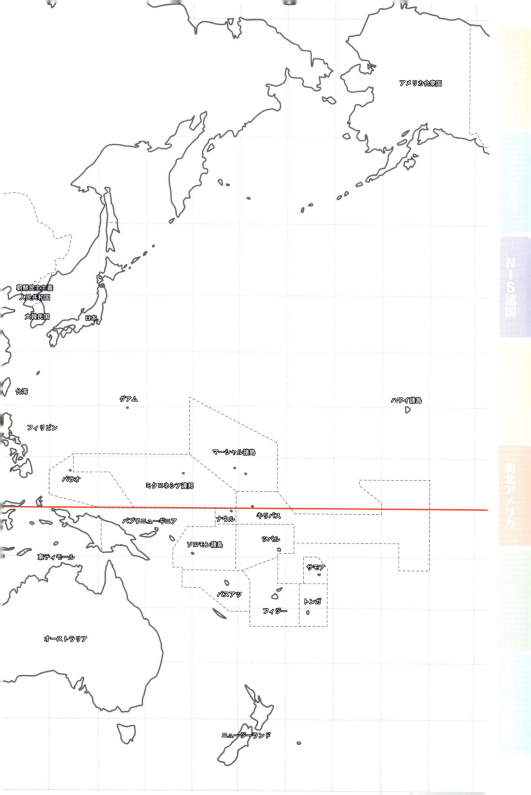

国名コード	AFG
首都の位置	北緯34.30：東経69.10

アフガニスタン・イスラム共和国

Islamic Republic of Afghanistan

現国旗 縦横の比率 2：3

独立年	1919年にイギリスから独立
首都	カブール
面積	65万2,225km²（日本の約1.7倍）
人口	2,860万人（2014年）
主な言語	ダリー語（公用語）、パシュトゥー語等
宗教	イスラム教スンニ派、イスラム教シーア派
政体	共和制
民族	パシュトゥーン人、タジク人、ハザラ人、ウズベク人等
主要な通貨	アフガニ（AFN）
主な対日輸出品	甘草、じゅうたん、石その他の鉱物性材料製品
日本との国交	あり
現国旗制定年	2004年1月4日

国の成り立ちと国旗のいわれ

＜国の成り立ち＞1919年にイギリスから独立。1973年7月共和制に移行。1979年12月ソ連軍事介入。1989年2月ジュネー合意に基づき、駐留ソ連軍撤退完了。1994年頃から、タリバーンが勢力を伸ばし1996年9月、首都カブール制圧。1992年アフガニスタン・イスラム国となる。2001年にタリバン政権が崩壊して暫定行政機構が発足、移行政権を経て2004年1月新しい憲法制定、2004年12月アフガニスタン・イスラム共和国が成立。
＜国旗のいわれ＞中央には国章が記され、黒は外国に支配されていた暗い過去、赤は独立をめざした戦いの血、緑は達成した独立、平和、豊かさを表している。

国名の現地公用語での表記

ダリー語　جمهوری اسلامی افغانستان

アラブ首長国連邦
United Arab Emirates

国名コード　ARE
首都の位置
北緯24.27：東経54.23

アジア

国旗の縦横の比率　2：3

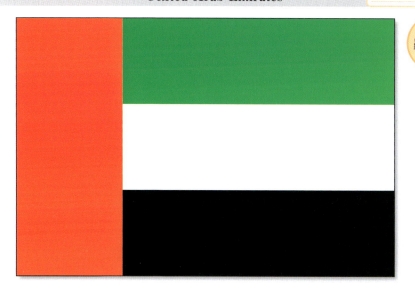

国の成り立ちと国旗のいわれ

＜国の成り立ち＞7世紀にはイスラム帝国、次いでオスマン帝国、ポルトガル、オランダの支配を受けるが、17世紀以降、イギリスが進出し、1892年にはその保護領となった。1971年12月、アブダビ及びドバイを中心とする6首長国が統合して独立。1972年2月にラアス・ル・ハイマ首長国が参加して、現在の7つの首長国からなる連邦国家となった。

＜国旗のいわれ＞赤は血なまぐさい過去の歴史、緑は豊かな国土、白は清浄な生活、黒は過酷な戦争を表している。

独立年	1971年にイギリスから独立
首都	アブダビ
面積	8万3,600km²
人口	約945万人（2014年）
主な言語	アラビア語
宗教	イスラム教
政体	7首長国による連邦制
民族	アラブ人
主要な通貨	UAEディルハム（AED）
主な対日輸出品	原油、液化天然ガス、石油製品
日本との国交	あり
現国旗制定年	1971年12月2日

国名の現地公用語での表記

アラビア語　الإمارات العربية المتحدة

17

国名コード YEN
首都の位置
北緯15.23：東経44.14

イエメン共和国

Republic of Yemen

現国旗
縦横の比率
2：3

独立年	北イエメン地域は、1918年にオスマン帝国からイマーム王国が独立。南イエメン地域は、1967年にイギリスから南イエメン人民共和国が独立
首都	サヌア
面積	55万5,000km²（日本の約1.5倍弱）
人口	約2,618万人（2014年）
主な言語	アラビア語
宗教	イスラム教（スンニ派及びザイド派）
政体	共和制
民族	主としてアラブ人
主要な通貨	イエメン・リアル（YER）
主な対日輸出品	原油、コーヒー豆
日本との国交	あり
現国旗制定年	1990年5月22日

国の成り立ちと国旗のいわれ

＜国の成り立ち＞北イエメン地域では、1918年オスマン・トルコからイマーム王国が独立。その後、1962年にイエメン・アラブ共和国が成立（旧北イエメン）。南イエメン地域では、1967年イギリスから南イエメン人民共和国が独立。1970年にはイエメン民主人民共和国と国名を改める（旧南イエメン）。1990年5月22日、南北統一を果たし、現在イエメン共和国が成立。

＜国旗のいわれ＞赤は自由と統一のために流された血、白は平和と希望、黒は植民地時代を表している。

国名の現地公用語での表記

アラビア語　　الجمهورية اليمنية

イスラエル国

State of Israel

国名コード ISR
首都の位置
北緯31.47：東経35.13

アジア

現国旗縦横の比率
8：11

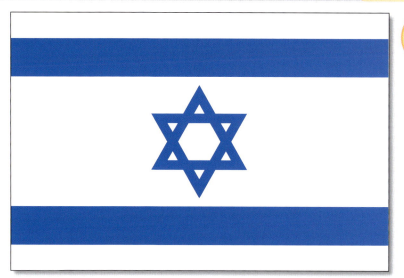

国の成り立ちと国旗のいわれ

＜国の成り立ち＞ローマ軍に追われ、国を失ったユダヤ人は世界各地に散っていたが、1947年の国連総会で、パレスチナをユダヤ国家とアラブ国家に分割することが決議され、1948年にイギリスから独立を宣言した。

＜国旗のいわれ＞青はユダヤ教の祈りに使う肩掛け（タリート）とパレスチナの空、白は清い心、中央の紋様は「ダビデの盾」と呼ばれる伝統的なユダヤ教のシンボル。「六芒星旗」の別名もある。

独立年	1948年にイギリスから独立
首都	エルサレム
面積	2万2,000km²（日本の四国ぐらい）
人口	約834万人（2015年）
主な言語	ヘブライ語、アラビア語
宗教	ユダヤ教（75.1％）、イスラム教（17.3％）、キリスト教（1.9％）、ドルーズ（1.6％）、
政体	共和制
民族	ユダヤ人（約75.0％）、アラブ人その他（約25.0％）
主要な通貨	新シェケル（ILS）
主な対日輸出品	光学・医療機器、機械・電子機器、化学製品等
日本との国交	あり
現国旗制定年	1948年10月28日

国名の現地公用語での表記

ヘブライ語	מְדִינַת יִשְׂרָאֵל
アラビア語	دولة إسرائيل

国名コード	IRQ
首都の位置	北緯33.19：東経44.25

イラク共和国

Republic of Iraq

現国旗の縦横の比率 2：3

独立年	1932年にイギリスから独立
首都	バグダッド
面積	43万7,400km²（日本の約1.2倍）
人口	約3,481万人（2014年）
主な言語	アラビア語、クルド語（共に公用語）
宗教	イスラム教（スンニ派、シーア派）、キリスト教
政体	共和制
民族	アラブ人（シーア派約6割、スンニ派約2割）、クルド人（約2割）、トルクメン人、アッシリア人等
主要な通貨	イラク・ディナール（IQD）
主な対日輸出品	原油
日本との国交	あり
現国旗制定年	2008年1月22日

国の成り立ちと国旗のいわれ

＜国の成り立ち＞古代メソポタミア文明発祥の地。1932年に独立を果たすまでイラクはめまぐるしく支配王朝（イスラム帝国、オスマン帝国、イギリス等）が入れ替わっている。独立以降もイラン・イラク戦争、クウェート侵攻、湾岸戦争、イラク戦争などが相次ぎ、2006年にイラク共和国政府が発定するも、いまだに不安定な情勢が続いている。

＜国旗のいわれ＞赤は勇気、白は寛大さ、黒はイスラムの伝統、緑はイスラム教を表す。

国名の現地公用語での表記

アラビア語	الجمهورية العراقية
クルド語	كۆماری عێراق

イラン・イスラム共和国
Islamic Republic of Iran

国名コード　IRN
首都の位置　北緯35.42：東経51.25

現国旗縦横の比率　4：7

アジア

国の成り立ちと国旗のいわれ

＜国の成り立ち＞古代より国家形成の歴史がある土地。1925年、パフラヴィ朝が成立、1979年イスラム教の最高指導者ホメイニ師の指導によるイラン・イスラム革命により現体制となる。

＜国旗のいわれ＞緑はイスラム教、白は平和、赤は勇敢さを表している。中央には国章が描かれ、白帯の上下には「神は偉大なり」という成句が図案化されて記されている。

独立年	1979年イラン・イスラム革命にて成立
首都	テヘラン
面積	164万8,195㎢（日本の約4.4倍）
人口	7,850万人（2014年）
主な言語	ペルシャ語、トルコ語、クルド語等
宗教	イスラム教（シーア派）、キリスト教、ユダヤ教、ゾロアスター教等
政体	イスラム共和制
民族	ペルシャ人、他にアゼリ系トルコ人、クルド人、アラブ人等
主要な通貨	イラン・リアル（IRR）
主な対日輸出品	原油、LPG、ブタン
日本との国交	あり
現国旗制定年	1980年7月29日

国名の現地公用語での表記

ペルシャ語　جمهوری اسلامی ایران

国名コード	IND
首都の位置	北緯28.37：東経77.13

インド

India

現国旗の縦横の比率 2：3

独立年	1947年にイギリスから独立
首都	ニューデリー
面積	328万7,469km²
人口	12億1,057万人（2011年）
主な言語	ヒンディー語（連邦公用語）州公用語等21言語
宗教	ヒンドゥー教(79.8%)、イスラム教(14.2%)、キリスト教(2.3%)、シク教(1.7%)、イム教(0.7%)、ジャイナ教(0.4%)
政体	共和制
民族	インド・アーリヤ族、ドラビダ族、モンゴロイド族等
主要な通貨	インド・ルピー（INR）
主な対日輸出品	石油製品、鉄鉱石、ダイヤモンド
日本との国交	あり
現国旗制定年	1947年7月22日

国の成り立ちと国旗のいわれ

＜国の成り立ち＞紀元前からさまざまな王朝が興亡を繰り返したが、19世紀中ごろにはイギリスの植民地となり、1947年パキスタンと分離することで独立を果たした。

＜国旗のいわれ＞オレンジは勇気と犠牲、白は平和と真理、緑は忠誠と礼節、青は空と海を表している。中央の紋章は「チャクラ」という法輪で、24本の軸は一日の24時間を示し、終わりなき人生と進歩を表している。

国名の現地公用語での表記

ヒンディー語　　भारत गणराज्य

インドネシア共和国
Republic of Indonesia

国名コード　IDN
首都の位置　南緯6.09：東経106.49

現国旗の縦横の比率　2：3

国の成り立ちと国旗のいわれ

＜国の成り立ち＞16世紀以降、オランダの植民地となったが、1945年独立を宣言。その後、オランダとの間で独立戦争がおこったが、1949年ハーグ協定によりオランダより正式に独立を果たした。

＜国旗のいわれ＞赤は勇気と情熱、白は正義と純潔を表している。デザインはモナコの国旗と同じだが、縦横の比率が異なる。

独立年	1949年にオランダから独立
首都	ジャカルタ
面積	約189万km²（日本の約5倍）
人口	2億5,500万人（2015年）
主な言語	インドネシア語
宗教	イスラム教(88.1%)、キリスト教(9.3%)、ヒンズー教(1.8%)、仏教(0.6%)、儒教(0.1%)、その他(0.1%)
政体	大統領制、共和制
民族	大半がマレー系（ジャワ、スンダ等約300種族）
主要な通貨	ルピア（IDR）
主な対日輸出品	石油・天然ガス、機械機器、銅鉱
日本との国交	あり
現国旗制定年	1945年8月17日

国名の現地公用語での表記

インドネシア語　Republik Indonesia

国名コード	OMN
首都の位置	北緯23.36：東経58.37

オマーン国

Sultanate of Oman

現国旗の縦横の比率 1：2

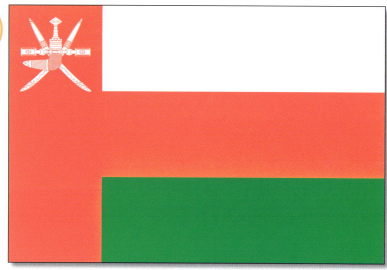

独立年	1744年より現ブーサイード朝が支配
首都	マスカット
面積	約30万9,500km²（日本の約85％）
人口	415万人（2015年）
主な言語	アラビア語（公用語）、英語
宗教	イスラム教（イバード派が主流）
政体	君主制
民族	半数以上がアラブ人
主要な通貨	オマーン・リアル（OMR）
主な対日輸出品	原油、天然ガス、アルミニウム
日本との国交	あり
現国旗制定年	1995年11月18日

国の成り立ちと国旗のいわれ

＜国の成り立ち＞19世紀後半から20世紀後半までイギリスの保護を受けたが植民地にはならず、現在もスルタン（イスラム王朝の支配者の称号）が治める独立国。

＜国旗のいわれ＞赤は外部からの侵略者との闘いを、白は平和を、緑は豊かな農作物による繁栄を、左上にはカンジャルと呼ばれる剣を交差させ、スルタンの威厳を表している。

国名の現地公用語での表記

アラビア語　سلطنة عمان

カタール国
State of Qatar

国名コード	QAT
首都の位置	北緯25.15：東経51.34

アジア

現国旗の縦横の比率 11:28

国の成り立ちと国旗のいわれ

<国の成り立ち>18世紀から19世紀にかけてクウェート、アラビア半島内陸部の部族がカタールに移住して現在のカタールの部族構成が成立。その後、1916年10年にイギリスの保護下に入るが1971年9月独立を達成。

<国旗のいわれ>ジグザグは独立時の9つの行政区を表している。もともとは赤い旗だったが、太陽光線で変色して海老茶色になってしまったことをきっかけにこの色を公式のものとした。世界一細長い国旗。

独立年	1971年にイギリスから独立
首都	ドーハ
面積	1万1,427km²（秋田県よりやや小さい）
人口	約226万人（2014年）
主な言語	アラビア語
宗教	イスラム教
政体	首長制
民族	アラブ人
主要な通貨	カタール・リヤル（QAR）
主な対日輸出品	石油、LNG、石油化学製品
日本との国交	あり
現国旗制定年	1971年7月9日

国名の現地公用語での表記

アラビア語　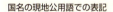

国名コード KHM
首都の位置 北緯11.35：東経104.55

カンボジア王国

Kingdom of Cambodia

現国旗の縦横の比率 2：3

独立年	1953年にフランスから独立
首都	プノンペン
面積	18万1,000km²（日本の約2分の1弱）
人口	1470万人（2013年）
主な言語	カンボジア語
宗教	仏教、イスラム教（一部少数民族）
政体	立憲君主制
民族	カンボジア人（クメール人）
主要な通貨	リエル（KHR）
主な対日輸出品	靴等、衣類及び付属品
日本との国交	あり
現国旗制定年	1993年6月29日

国の成り立ちと国旗のいわれ

＜国の成り立ち＞ 9～15世紀にかけてクメール王国が栄えていたが、1863年にフランスの保護国となった。1953年にシアヌーク国王のもと独立。その後は政情が混乱し、長い間内戦が続いたが1993年に王政が復古した。

＜国旗のいわれ＞中央にカンボジアのシンボルでもあるアンコール・ワット寺院が描かれている。青は王室、赤は国家、白は仏教を表している。

国名の現地公用語での表記

クメール語　ព្រះរាជាណាចក្រកម្ពុជា

クウェート国

State of Kuwait

国名コード KWT
首都の位置
北緯29.20：東経48.0

現国旗 縦横の比率 1：2

国の成り立ちと国旗のいわれ

＜国の成り立ち＞ ペルシャ湾の最も奥にある小国。1899年にイギリスの保護国となるが、1961年にイギリスから独立。1990年にはイラクが侵攻し約7ヵ月間占領されたが、湾岸戦争を経て解放された。

＜国旗のいわれ＞ 緑は肥沃な国土、白は純潔、黒は敵の敗北、赤は戦う勇気を象徴している。

独立年	1961年にイギリスから独立
首都	クウェート
面積	1万7,818km²（四国とほぼ同じ）
人口	428万人（内、クウェート人131万人）（2016年）
主な言語	アラビア語
宗教	イスラム教
政体	首長制
民族	アラブ人
主要な通貨	クウェート・ディナール（KWD）
主な対日輸出品	原油、石油製品
日本との国交	あり
現国旗制定年	1961年9月7日

国名の現地公用語での表記

アラビア語 دولة الكويت

国名コード	SAU

国の位置
北緯24.39：東経46.44

サウジアラビア王国
Kingdom of Saudi Arabia

現国旗の縦横の比率
2：3

独立年	1932年建国
首都	リヤド
面積	215万km²（日本の約5.7倍）
人口	3,089万人（2014年）
主な言語	アラビア語（公用語）
宗教	イスラム教
政体	君主制
民族	アラブ人
主要な通貨	サウジアラビア・リヤル（SAR）
主な対日輸出品	原油、石油化学製品、LPG
日本との国交	あり
現国旗制定年	1973年3月15日

国名の現地公用語での表記

アラビア語　المملكة العربية السعودية

国の成り立ちと国旗のいわれ

＜国の成り立ち＞世界一の原油埋蔵量をもつアラビア半島の大部分を占める国。イスラム教の聖地メッカがある。18世紀半ば、サウード王家によりアラビア半島統一が進められる。1927年にジッダ条約により、ヒジャーズ・ナジュド王国が成立。1932年に主要地域のハッサ、カティフ、ナジュド、ヒジャーズが統一し、サウジアラビア王国が成立。1938年に油田が発見。

＜国旗のいわれ＞緑はイスラム教を、白い剣はメッカおよび初代国王の勝利を表している。中央にはコーランの聖句「アッラーの他に神はなく、ムハンマドはアッラーの使徒である」と書かれている。またこの国旗は基本的に旗竿側が右になるように掲揚することとされ、縦に掲揚する場合は文字が横向きにならないようにレイアウトを変更した特別な旗を使用する。また神の神聖な文字が含まれているので、弔意を表す半期掲揚にしないこととされている。その他、どちら側からでも右から左へ聖句が読めるように、表側と裏側は別々に作られている。

シリア・アラブ共和国
Syrian Arab Republic

国名コード　SYR
首都の位置
北緯33.30；東経36.19

現国旗の縦横の比率
2：3

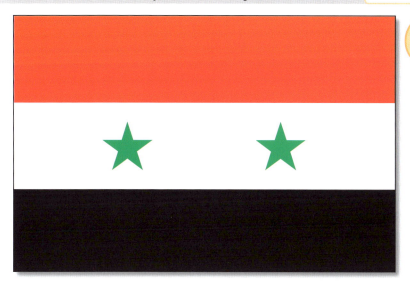

国の成り立ちと国旗のいわれ

＜国の成り立ち＞ ダマスカスは中東最古の都市のひとつ。16世紀にはオスマン帝国の支配下に入り、1918年にオスマン帝国より独立。1920年にはフランスの委任統治領になったが、1946年にシリア共和国として独立。1958年にはエジプトとアラブ連合共和国を形成するものの、1961年に再独立し、現在の国名になった。

＜国旗のいわれ＞ 赤は国を守る剣、白は国民の善、黒はこれまでの闘い、緑の2つの星は美しい大地とアラブの統一を表している。

独立年	1946年にフランスから独立
首都	ダマスカス
面積	18万5,000km²（日本の約半分）
人口	2,240万人（2012年）
主な言語	アラビア語
宗教	イスラム教（90％、主にスンニ派）キリスト教（10％）
政体	共和制
民族	アラブ人（90.3％）、クルド人、アルメニア人、その他（9.7％）
主要な通貨	シリア・ポンド（SYP）
主な対日輸出品	石油加工品、綿花、石鹸等
日本との国交	あり
現国旗制定年	1980年3月29日

国名の現地公用語での表記

アラビア語　　الجمهوريّة العربيّة السّوريّة

国名コード SGP
首都の位置
北緯1.22：東経103.45

シンガポール共和国
Republic of Singapore

現国旗の縦横の比率 2：3

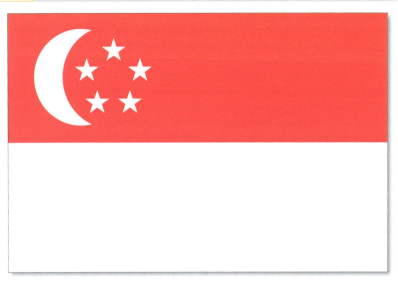

独立年	1965年にマレーシア連邦から独立
首都	シンガポール
面積	716㎢（東京23区とほぼ同じ）
人口	約547万人（2013年）
主な言語	英語、中国語、マレー語、タミール語（公用語）、マレー語（国語）
宗教	仏教、イスラム教、キリスト教、道教、ヒンズー教
政体	立憲共和制
民族	中華系（74％）、マレー系（13％）、インド系（9％）、その他（3％）
主要な通貨	シンガポール・ドル（SGD）
主な対日輸出品	電子機器・電子部品
日本との国交	あり
現国旗制定年	1965年8月9日

国の成り立ちと国旗のいわれ

＜国の成り立ち＞ 国名はサンスクリット語で「ライオンの頭」を意味する。19世紀はじめにはイギリスの植民地となったが、1959年にはイギリスの自治州となり、1963年マレーシア連邦の結成ではその1州として参加するものの、1965年に独立した。

＜国旗のいわれ＞ 赤は全人類の平等を、白は美徳と純粋さを、5つの星はそれぞれ民主主義・平和・進歩・平等・公平を、三日月はイスラム教の象徴だけでなく、5つの星が示す5つの理想を支える決意を表している。

国名の現地公用語での表記

中国語	新加坡共和国
マレー語	Republik Singapura
タミール語	சிங்கப்பூர் குடியரசு

スリランカ民主社会主義共和国
Democratic Socialist Republic of Sri Lanka

国名コード　LKA
首都の位置
北緯6.54：東経79.54

現国旗の縦横の比率
1：2

アジア

国の成り立ちと国旗のいわれ

＜国の成り立ち＞BC5世紀ごろ、インドからシンハラ族が渡来して建国し、仏教文化が栄えた。16世紀以降はポルトガル、オランダ、イギリスに相次いで植民地化されたが、1948年にセイロンとして独立。1978年に現在の国名へ改称した。

＜国旗のいわれ＞剣をもつライオンは古来この国のシンボル。緑はイスラム教を、オレンジはヒンズー教を、黄色は仏教による国家と国民の加護を示す。また、四隅には仏教を表す菩提樹が描かれている。

国名の現地公用語での表記

シンハラ語　ශ්‍රී ලංකා ප්‍රජාතාන්ත්‍රික සමාජවාදී ජනරජය
タミール語　இலங்கை சனநாயக சோஷலிசக் குடியரசு

独立年	1948年にイギリスから独立
首都	スリ・ジャヤワルダナプラ・コッテ
面積	6万5,607km²（北海道の約80％）
人口	2,067万人（2014年）
主な言語	シンハラ語、タミル語（公用語）、英語（連結語）
宗教	仏教（70％）、ヒンドゥ教（10％）、イスラム教（8.5％）、ローマン・カトリック教（11.3％）（一部地域を除く値）
政体	共和制
民族	シンハラ人（72.9％）、タミル人（18％）、スリランカ・ムーア人（8％）（一部地域を除く値）
主要な通貨	スリランカ・ルピー（LKR）
主な対日輸出品	紅茶、水産物（まぐろ、えび）、繊維製品
日本との国交	あり
現国旗制定年	1978年9月7日

31

国名コード	THA
首都の位置	北緯13.50：東経100.29

タイ王国

Kingdom of Thailand

現国旗の縦横の比率 2：3

独立年	1238年スコータイ王朝成立
首都	バンコク
面積	51万4,000㎢（日本の1.4倍）
人口	6,593万人（2010年）
主な言語	タイ語
宗教	仏教（94％）、イスラム教（5％）
政体	立憲君主制
民族	大多数がタイ族。マレー族等
主要な通貨	タイ・バーツ（THB）
主な対日輸出品	天然ゴム、自動車・同部品、コンピューター・同部品
日本との国交	あり
現国旗制定年	1917年9月28日

国の成り立ちと国旗のいわれ

＜国の成り立ち＞タイ王国の基礎は13世紀のスコータイ王朝から築かれ、その後14世紀から18世紀にはアユタヤ王朝、1767年から1782年のトンブリー王朝を経て、1782年より現在のチャックリー王朝となる。1932年に立憲革命がおこり、それまでのシャム王国からタイ王国と改称した。

＜国旗のいわれ＞赤は国民の血、白は白い象にちなんだもので仏教への信仰を、青はタイ王室を表している。

国名の現地公用語での表記

タイ語　ราชอาณาจักรไทย

大韓民国
Republic of Korea

国名コード	KOR
首都の位置	北緯37.35：東経127.03

現国旗の縦横の比率
2：3

アジア

国の成り立ちと国旗のいわれ

＜国の成り立ち＞ 14世紀後半から1910年まで朝鮮半島最後の王朝である李氏朝鮮が朝鮮半島を治める。1897年国名を大韓帝国と改称。1910年から1945年8月15日までは日本の統治下となった。第二次世界大戦後、北緯38度以南はアメリカ軍支配下におかれ、1948年に大韓民国が成立した。

＜国旗のいわれ＞ 白地は平和の精神を、中央の円は太極（宇宙）を表し、青は陰、赤は陽で、万物は善悪、新旧などの相反するものからなり、陰陽が合わさり調和が保たれているという中国古来の思想を示す。四隅のしるし「卦」は、東西南北、春夏秋冬などで、国民の和合と国家の発展を表す。

独立年	1945年に日本から独立
首都	ソウル
面積	約10万km²（日本の約4分の1）
人口	約5,150万人（2015年）
主な言語	韓国語
宗教	仏教（42.9％）、プロテスタント（34.5％）、カトリック（20.6％）、その他（2％）
政体	民主共和国
民族	韓民族
主要な通貨	ウォン（KRW）
主な対日輸出品	石油製品、電子機器、卑金属
日本との国交	あり
現国旗制定年	1948年7月12日

国名の現地公用語での表記

韓国語	대한민국

国名コード	CHN
首都の位置	北緯39.55：東経116.23

中華人民共和国
People's Republic of China

現国旗の縦横の比率 2：3

独立年	1949年中華人民共和国成立
首都	北京
面積	約960万km²（日本の約26倍）
人口	13億7,462万人（2015年）
主な言語	中国語
宗教	仏教、イスラム教、キリスト教など
政体	人民民主共和制
民族	漢民族（総人口の92％）、及び55の少数民族
主要な通貨	人民元（CNY）
主な対日輸出品	機械機器、繊維製品、食料品
日本との国交	あり
現国旗制定年	1949年9月27日

国の成り立ちと国旗のいわれ

＜国の成り立ち＞ 1912年の辛亥革命により清朝が崩壊し数千年にわたる専制君主体制が崩れ中華民国が成立した。その後、国民党と中国共産党との争いを経て、1949年に中国共産党による一党独裁国家の中華人民共和国が成立した。

＜国旗のいわれ＞ 別名「五星紅旗」。赤色は革命を象徴し、4つの小さな星はそれぞれ労働者・農民・知識階級・愛国的資本家を表し、小さい星のひとつの角が、それぞれ大きな星に向かっており、共産党の指導の下で革命的人民の団結を象徴している。公募により選ばれた作品。

国名の現地公用語での表記

漢語（中国語）　中华人民共和国

朝鮮民主主義人民共和国
Democratic People's Republic of Korea

国名コード　PRK
首都の位置　北緯39.01：東経125.47

アジア

現国旗の縦横の比率　1：2

国の成り立ちと国旗のいわれ

＜国の成り立ち＞14世紀後半から1910年まで朝鮮半島最後の王朝である李氏朝鮮が朝鮮半島を治める。1897年に国名を大韓帝国と改称。日本による統治時代（1910～1945年）を経て、第二次世界大戦後に北緯38度線以北を旧ソ連が占領。その後、1948年に朝鮮民主主義人民共和国が成立した。今でも南の大韓民国との間で対立が続いている。

＜国旗のいわれ＞赤は社会主義的愛国主義を、白は朝鮮民族が英雄的民族であることを、青は平和と民主主義、民族の独立と社会主義偉業の勝利のために断固闘おうとする朝鮮人民の熱烈な志向を象徴している。

独立年	1945年に日本から独立
首都	平壌（ピョンヤン）
面積	約12万km²（日本の約3分の1）
人口	約2,515万5,000人（2015年）
主な言語	朝鮮語
宗教	仏教徒連盟、キリスト教徒連盟等の団体があるとされるが、信者数等は不明。
政体	社会主義共和制
民族	朝鮮民族
主要な通貨	ウォン（KPW）
主な対日輸出品	日本への輸出はなし　日本からの輸入は化学工業製品、機械類、プラスティック・ゴム
日本との国交	なし
現国旗制定年	1948年9月8日

国名の現地公用語での表記

朝鮮語　조선민주주의인민공화국

国名コード	TUR
首都の位置	北緯40.02：東経32.54
現国旗の縦横の比率	2：3

トルコ共和国

Republic of Turkey

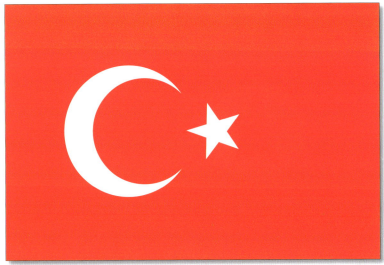

独立年	1923年トルコ共和国建国
首都	アンカラ
面積	78万576km²（日本の約2倍）
人口	7,874万1,053人（2015年）
主な言語	トルコ語（公用語）
宗教	イスラム教（スンニ派、アレヴィ一派が大半）、ギリシア正教、アルメニア正教、ユダヤ教等
政体	共和制
民族	トルコ人（南東部を中心にクルド人、その他アルメニア人、ギリシャ人、ユダヤ人等）
主要な通貨	トルコ・リラ（TRY）
主な対日輸出品	繊維製品、機械機器、加工食品類
日本との国交	あり
現国旗制定年	1936年5月29日

国の成り立ちと国旗のいわれ

＜国の成り立ち＞ 1299年に成立したオスマン帝国が1922年に滅亡し、1923年にトルコ共和国が成立した。以降、西洋化にまい進し、EU加盟への努力を続けている。

＜国旗のいわれ＞ 通称「新月旗」。赤はトルコの民族色で、三日月と星はイスラム教のシンボルでもあり、月の女神のディアナ（アルテミス）と聖母マリアの象徴ともいわれている。

国名の現地公用語での表記

トルコ語　Türkiye Cumhuriyeti

日本

Japan

国名コード	JPN
首都の位置	北緯35.41：東経139.44

アジア

現国旗の縦横の比率 2：3

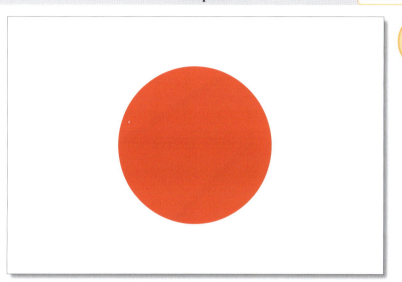

国の成り立ちと国旗のいわれ

＜国の成り立ち＞ 7世紀ごろから天皇を中心とした国家建設が始まり、武士の時代を経て、1853年ペリー来航で、徳川幕府の鎖国政策が事実上終わり、開国。明治時代の富国強兵政策で近代化が進むが、第二次世界大戦に敗戦した。戦後は、世界でもまれな経済発展をとげた。

＜国旗のいわれ＞ 通称「日章旗」「日の丸」とよばれ、太陽をかたどった旗。紅白は日本の伝統色でおめでたい色。赤は博愛と活力、白は純粋さと正直さを表している。

※ 国号を「日本」もしくは「日本国」と直接かつ明確に規定した法令は存在しない。また日本政府は、正式な読み方についても「にっぽん」「にほん」のどちらの読み方も良いとしている。

独立年	7世紀（国号「日本」を使用し始める）
首都	東京
面積	37万8,000km²
人口	1億2,711万人（2015年）
主な言語	日本語（公用語）
宗教	神道系が約1億700万人、仏教系が約8,900万人、キリスト教系が約300万人、その他約1,000万人
政体	立憲君主制
民族	日本人
主要な通貨	円（JPY）
現国旗制定年	1999年8月13日

国名の現地公用語での表記

37

国名コード	NPL
首都の位置	北緯27.42：東経85.19

ネパール連邦民主共和国
Federal Democratic Republic of Nepal

現国旗の縦横の比率 4：3

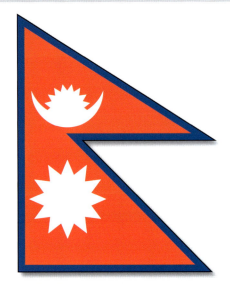

独立年	1768年シャハ王朝成立
首都	カトマンズ
面積	14万7,000km²（北海道の約1.8倍）
人口	2,649万人（2011年）
主な言語	ネパール語
宗教	ヒンドゥー教（81.3%）、仏教（9.0%）、イスラム教（4.4%）他
政体	連邦民主共和制
民族	パルバテ・ヒンドゥー族、マガル族、タルー族、タマン族、ネワール族等
主要な通貨	ネパール・ルピー（NPR）
主な対日輸出品	カーペット、手工芸品・民芸品、紙製品
日本との国交	あり
現国旗制定年	1962年12月16日

国の成り立ちと国旗のいわれ

＜国の成り立ち＞ 南北をインドと中国に接した小国。1768年にシャハ王によるネパール統一。シャハ王朝が始まる。1846年よりラナ将軍家による専制政治ののち、1951年王政復古、2008年5月に制憲議会により、連邦民主共和制の宣言にともない王制が廃止され、ギネンドラ国王が王宮を退去。240年続いた王制に終止符を打つ。

＜国旗のいわれ＞ 世界で唯一矩形ではない国旗。赤は国花のシャクナゲの色であり国民の勇敢さを、縁取りの青は平和を表している。2つの三角形は、ヒマラヤの山並みをかたどり、二大宗教のヒンドゥー教と仏教を意味し、上部の月と下部の太陽には国家の繁栄の願いがこめられている。

国名の現地公用語での表記
ネパール語
संघीय लोकतान्त्रिक गणतन्त्र नेपाल

パキスタン・イスラム共和国
Islamic Republic of Pakistan

国名コード	PAK
首都の位置	北緯33.40：東経73.08

現国旗の縦横の比率 2：3

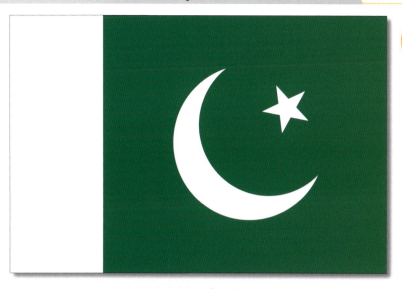

国の成り立ちと国旗のいわれ

＜国の成り立ち＞かつて古代インダス文明が生まれ、ガンダーラ仏教文化が栄えたが、8世紀以降はイスラム文化が根づいている。19世紀には、イギリス領インドとして、現在のインドと同一の政府の下に置かれていたが、1947年に分離独立。1971年には、東パキスタンがバングラディッシュとして独立している。

＜国旗のいわれ＞緑はイスラム教を象徴する色、白はイスラム教徒以外の少数派を、三日月は進歩を、星は知識と光を表している。この三日月と月の組み合わせは、トルコ国旗など、イスラム教国家の国旗にしばしば使われるモチーフ。

独立年	1947年にイギリス領インドから独立
首都	イスラマバード
面積	79万6,000km²（日本の約2倍）
人口	1億8,802万人（2014年）
主な言語	英語（公用語）、ウルドゥー語（国語）
宗教	イスラム教（国教）
政体	連邦共和制
民族	パンジャブ人、シンド人、パシュトゥーン人、バローチ人
主要な通貨	パキスタン・ルピー（PKR）
主な対日輸出品	石油製品、織物用糸、繊維製品
日本との国交	あり
現国旗制定年	1947年8月11日

国名の現地公用語での表記

ウルドゥー語（国語）　اسلامی جمہوریہ پاکستان

国名コード	BHR
首都の位置	北緯26.12：東経50.36

バーレーン王国

Kingdom of Bahrain

現国旗の縦横の比率 3：5

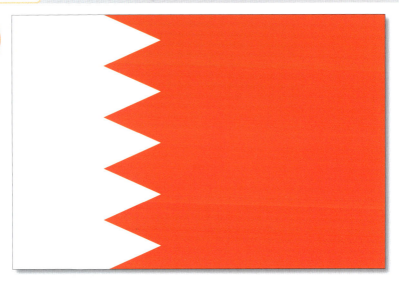

独立年	1971年にイギリスから独立
首都	マナーマ
面積	約769km²（東京23区と川崎市を合わせた広さとほぼ同じ）
人口	131万5,000人（2014年）
主な言語	アラビア語
宗教	イスラム教
政体	立憲君主制
民族	アラブ人
主要な通貨	バーレーン・ディナール（BHD）
主な対日輸出品	石油製品、アルミ製品
日本との国交	あり
現国旗制定年	2002年2月16日

国の成り立ちと国旗のいわれ

<国の成り立ち> ペルシャ湾中部の島国。古代バビロニア、アッシリア時代は有力な貿易中継地として、BC3世紀から15世紀にかけては真珠の産地として栄えた。1932年に石油の生産が開始されると近代化が進み、1971年8月にイギリスから独立を果たした。2002年国名をバーレーン王国へ改称し、首長制から王制へ移行。

<国旗のいわれ> バーレーン最古の国旗は、ペルシャ湾各国で使用されている伝統的な色の赤一色だったが、19世紀に近隣諸国との和平を示すために平和を表す白と、他国と区別するためにジグザグ線も追加された。ジグザグの5つの頂点は、イスラム教の5行を示す。5行とは、信仰告白、礼拝、断食、喜捨、巡礼を意味する。

国名の現地公用語での表記

アラビア語　　مملكة البحرين

バングラデシュ人民共和国
People's Republic of Bangladesh

国名コード　BGD
首都の位置　北緯23.51：東経90.24

現国旗の縦横の比率　3：5

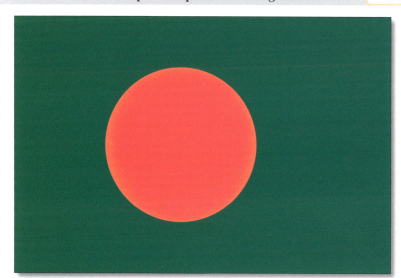

国の成り立ちと国旗のいわれ

＜国の成り立ち＞ インドの北東部、ガンジス川下流域のデルタ地帯にある。18世紀以降はイギリスの植民地となった。1947年にインドからパキスタンとして独立をしたが、宗教上の問題から東西に分かれての分離した独立となった。現在のバングラディッシュ地域は東パキスタンとなった。その後、西パキスタンとの独立闘争を経て1971年にバングラデシュ人民共和国として独立を果たした。

＜国旗のいわれ＞緑の地に、中央からやや旗竿寄りに丸い円が描かれている。赤い円は昇る太陽と独立闘争で流された血を、緑は豊かな大地を表す。

独立年	1971年にパキスタンから独立
首都	ダッカ
面積	14万7,000km²（日本の約40%）
人口	1億5,940万人（2015年）
主な言語	ベンガル語（国語）
宗教	イスラム教（89.7%）、ヒンズー教（9.2%）、仏教（0.7%）、キリスト教（0.3%）
政体	共和制
民族	ベンガル人
主要な通貨	タカ（BDT）
主な対日輸出品	既製服、ニット製品、皮革・同製品
日本との国交	あり
現国旗制定年	1972年1月17日

国名の現地公用語での表記

ベンガル語　গণ প্রজাতন্ত্রী বাংলাদেশ

国名コード	TLS
首都の位置	南緯8.35：東経125.35

東ティモール民主共和国
The Democratic Republic of Timor-Leste

現国旗の縦横の比率　1：2

独立年	2002年にポルトガルから独立
首都	ディリ
面積	約1万4,900km²（1都3県（東京、千葉、埼玉、神奈川）とほぼ同じ）
人口	約121万人（2014年）
主な言語	テトゥン語及びポルトガル語（国語）、インドネシア語及び英語（実用語）
宗教	キリスト教（99.1％、大半がカトリック）、イスラム教（0.79％）
政体	共和制
民族	テトゥン族等のメラネシア系、マレー系、中華系等
主要な通貨	アメリカ・ドル（USD）
主な対日輸出品	プロパンガス、ブタンガス、コーヒー
日本との国交	あり
現国旗制定年	2002年5月20日

国の成り立ちと国旗のいわれ

＜国の成り立ち＞ インドネシア東部、ティモール島の東半分に位置する。16世紀にポルトガルがティモール島を征服するが、1975年に東ティモールとして独立を宣言。その後、インドネシア軍が侵攻。1976年にインドネシアが東ティモールの併合を宣言。国連主導のもと、国際法上2002年にようやく独立を果たす。

＜国旗のいわれ＞ 赤は国民解放への苦闘、黄色の三角形は植民地主義の痕跡、黒の三角形は克服すべき困難、星は道を示す光、白は平和を表している。

国名の現地公用語での表記

テトゥン語	Republika Demokratika Timor Lorosa'e
ポルトガル語	República Democrática de Timor-Leste

フィリピン共和国
Republic of the Philippines

国名コード　PHL
首都の位置
北緯14.37：東経121.00

アジア

現国旗の縦横の比率
1：2

国の成り立ちと国旗のいわれ

＜国の成り立ち＞ 東南アジア、太平洋上の約7,000の島々からなる国。1571年スペインに征服され、皇太子フィリップ2世にちなんでフィリピンと命名された。米西戦争後の1898年のパリ条約で、アメリカの植民地となる。1916年自治領となり、1946年に独立を果たす。

＜国旗のいわれ＞ 白は平和を、青は犠牲心を、赤は勇気と愛国心を表す。3つの星は主な島であるルソン島、ミンダナオ島、ヴィサヤ島を象徴し、太陽から伸びる8本の光はフィリピン独立革命の時に最初に武器をとったルソン島の8州を表す。戦時には天地を逆にして勇気と愛国心を表す赤を強調することが法律で定められている。

独立年	1946年にアメリカから独立
首都	マニラ
面積	29万9,404km²（日本の約80％）
人口	1億10万人（2014年）
主な言語	フィリピノ語及び英語（公用語）
	フィリピノ語（国語）
宗教	カトリック（国民の83％）
政体	立憲共和制
民族	マレー系が主体。中国系、スペイン系等
主要な通貨	フィリピン・ペソ（PHP）
主な対日輸出品	機械機器、食料品及び動植物生産品、金属原料
日本との国交	あり
現国旗制定年	1997年9月16日

国名の現地公用語での表記

フィリピノ語　Republika ng Pilipinas

こくめい		
国名コード	BTN	

首都の位置
北緯27.29：東経89.40

ブータン王国
Kingdom of Bhutan

現国旗の縦横の比率 2：3

独立年	1907年ブータン王国建国
首都	ティンプー
面積	約3万8,394km²（九州とほぼ同じ）
人口	76.5万人（2014年）
主な言語	ゾンカ語（公用語）等
宗教	チベット系仏教、ヒンドゥー教等
政体	立憲君主制
民族	チベット系、東ブータン先住民、ネパール系等
主要な通貨	ニュルタム（BTN）
主な対日輸出品	生鮮品、冷蔵野菜、合金鉄
日本との国交	あり
現国旗制定年	1972年6月8日

国の成り立ちと国旗のいわれ

＜国の成り立ち＞ヒマラヤ山脈の東端にある小国。1885年、ウゲン・ワンチュクが統一し、1907年に初代国王となる。1972年に即位した第4代国王のもとで、近代化と民主化が進められてきた。2008年に王政を撤廃し、新憲法発布、立憲君主制に移行。ブータンでは自国を「ドゥルックユル」（雷竜の国）と呼ぶ。

＜国旗のいわれ＞中央の竜はドゥルック（雷竜）と呼ばれている。竜の爪の4つの宝石は、国の富と成熟を示し、背景の黄色は国王の指導力、オレンジは仏教、竜の白い体は、純粋さと忠誠心を表している。

国名の現地公用語での表記

ゾンカ語　འབྲུག་ཡུལ་

ブルネイ・ダルサラーム国
Brunei Darussalam

国名コード	BRN
首都の位置	北緯4.56：東経114.58

現国旗の縦横の比率 2：3

国の成り立ちと国旗のいわれ

＜国の成り立ち＞ 東南アジアのボルネオ島北西岸にある小国。16世紀にはブルネイ王国が最盛期を迎える。1906年にはイギリスの保護領となり、1941年から1945年までは日本が統治する。1959年に再びイギリスの自治領となるが、1984年に独立を果たした。

＜国旗のいわれ＞ 東南アジアでは、黄色は伝統的に王家を象徴する色であり、ブルネイ国旗の黄色もスルタン（ブルネイの国王）を象徴している。斜めにかけられた白と黒の帯は、スルタンを補佐する大臣や地方長官を表す。中央には国章が描かれており、イスラム教を象徴する三日月、ブルネイ王室を示す傘、正義を示す羽、平和と繁栄を示す2本の手が組み合わされている。台座には「ブルネイ・ダルエスサラーム（平和の国ブルネイ）」とアラビア語で記されている。

独立年	1984年にイギリスから独立
首都	バンダルスリブガワン
面積	5,765km²（三重県とほぼ同じ）
人口	41万2,000人（2014年）
主な言語	マレー語（公用語）、英語等
宗教	イスラム教（国教）（78.8%）、仏教（8.7%）、キリスト教（7.8%）、その他（4.7%）
政体	立憲君主制
民族	マレー系（66%）、中華系（10%）、その他（24%）
主要な通貨	ブルネイ・ドル（BND）
主な対日輸出品	石油・天然ガス
日本との国交	あり
現国旗制定年	1959年9月29日

国名の現地公用語での表記

マレー語　Negara Brunei Darussalam

45

ベトナム社会主義共和国
Socialist Republic of Viet Nam

国名コード　VNM
首都の位置　北緯21.01：東経105.53

現国旗の縦横の比率　2：3

独立年	1945年にフランスから独立
首都	ハノイ
面積	32万9,241km²
人口	約9,340万人（2015年）
主な言語	ベトナム語
宗教	仏教、カトリック、カオダイ教他
政体	社会主義共和制
民族	キン族（越人、約86％）、他に53の少数民族
主要な通貨	ドン（VND）
主な対日輸出品	縫製品、電気ケーブル、機械機器・同部品
日本との国交	あり
現国旗制定年	1955年11月30日

国の成り立ちと国旗のいわれ

＜国の成り立ち＞1884年フランスの保護国となる。1945年ベトナム民主共和国として独立を宣言するが、フランスとの間で1946年から1954年にかけて独立戦争となる（インドシナ戦争）。フランスが敗北後のジュネーブ協定により北緯17度で南北に分断され、18年間に及ぶベトナム戦争のすえに、南北ベトナムは統一され1976年に現在の国名になった。

＜国旗のいわれ＞通称「金星紅旗」。赤は社会主義国家によく見られる色で、独立のために流した血、黄色は革命、星は社会主義の象徴。星の5本の光は、労働者、農民、兵士、商人、知識人を表す。

国名の現地公用語での表記

ベトナム語　Cộng Hoà Xã Hội Chủ Nghĩa Việt Nam

マレーシア
Malaysia

国名コード	MYS
首都の位置	北緯3.08：東経101.42

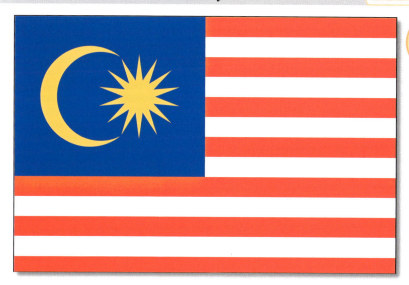

現国旗の縦横の比率 1：2

国の成り立ちと国旗のいわれ

＜国の成り立ち＞ 東南アジアのマレー半島南部とボルネオ島北部を領域とする。半島部はイギリスに長く支配され、第二次世界大戦時には日本にも統治されたが、1948年にマラヤ連邦を結成し、1957年に独立。1963年にはシンガポールとボルネオ島の一部（サバ、サラワクの2州）が加わりマレーシア連邦が発足。1965年にはシンガポールが分離独立している。

＜国旗のいわれ＞ 左上の月と星はイスラム教の象徴、青はイギリスとの関係、赤と白は東南アジアで親しまれている色で、星が放つ14の光と14本の縞はマレーシアを構成する13の州とクアラルンプールを表している。

独立年	1957年にイギリスから独立
首都	クアラルンプール
面積	約33万km²（日本の約90%）
人口	2,995万人（2013年）
主な言語	マレー語（国語）、中国語、タミール語、英語
宗教	イスラム教（連邦の宗教）(61%)、仏教(20%)、儒教・道教(1.0%)、ヒンドゥー教(6.0%)、キリスト教(9.0%)、その他
政体	立憲君主制
民族	マレー系（67%）、中国系（約25%）、インド系（約7%） 注：マレー系には中国系及びインド系を除く他民族を含む
主要な通貨	リンギット（MYR）
主な対日輸出品	鉱物性燃料（LNG等）、電気機器、木材等
日本との国交	あり
現国旗制定年	1963年9月16日

国名の現地公用語での表記

マレー語　**Malaysia**

国名コード	AFG
国の位置	北緯19.45：東経96.06

ミャンマー連邦共和国
Republic of the Union of Myanmar

現国旗の縦横の比率 2：3

独立年	1948年にイギリスから独立
首都	ネーピードー
面積	68万㎢（日本の1.8倍）
人口	5,141万人（2014年）
主な言語	ミャンマー語
宗教	仏教（90％）、キリスト教回教等
政体	大統領制、共和制
民族	ビルマ族（約70％）、その他多くの少数民族
主要な通貨	チャット（MMK）
主な対日輸出品	衣類、海産物、履物
日本との国交	あり
現国旗制定年	2010年10月21日

国の成り立ちと国旗のいわれ

＜国の成り立ち＞ 1886年にイギリス領インドに編入されたが、1948年にビルマ連邦共和国として独立。その後、1974年から1988年まではビルマ連邦社会主義共和国、1988年から1989年はビルマ連邦、1989年から2010年まではミャンマー連邦と国名が変遷している。

＜国旗のいわれ＞ 黄色は国民の団結、緑は平和と豊かな自然環境、赤は勇気と決断力を象徴している。白い星は、ミャンマーが地理的・民族的に一体化する意義を示している。

国名の現地公用語での表記

ビルマ語　ပြည်ထောင်စု သမ္မတ မြန်မာနိုင်ငံတော်

モルディブ共和国

Republic of Maldives

国名コード　MDV
首都の位置
北緯6.2：東経73.00

現国旗の縦横の比率
2：3

アジア

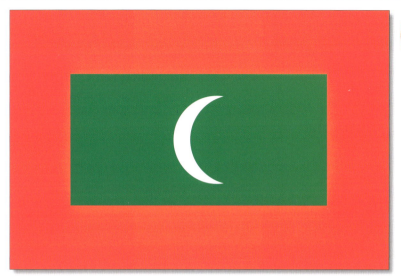

国の成り立ちと国旗のいわれ

＜国の成り立ち＞インドの南西、インド洋上の約1,000の島々からなる。17世紀末からイギリスの支配下に入り、1887年に保護領となり、1965年に独立した。

＜国旗のいわれ＞モルディブの最初の国旗は赤一色が使われていたが、20世紀に入ると交易が活発になり独自の旗が必要となった。赤は国民の勇気と血の最後の一滴まで国にささげるという意味がある。緑の四角形はココヤシの木を、三日月はイスラム教を象徴している。

独立年	1965年にイギリスから独立
首都	マレ
面積	298km²
人口	40万1,000人（2014年）
主な言語	ディベヒ語
宗教	イスラム教
政体	共和制
民族	モルディブ人
主要な通貨	ルフィア（MVR）
主な対日輸出品	魚介類（まぐろ、かつお等）
日本との国交	あり
現国旗制定年	1965年7月25日

国名の現地公用語での表記

ディベヒ語

国名コード	MNG
首都の位置	北緯47.55：東経106.53

モンゴル国

Mongolia

現国旗の縦横の比率 1：2

独立年	1911年に清朝から独立
首都	ウランバートル
面積	156万4,100km²（日本の約4倍）
人口	299万5,900人（2014年）
主な言語	モンゴル語（国家公用語）、カザフ語
宗教	チベット仏教等
政体	共和制（大統領制と議院内閣制の併用）
民族	モンゴル人（国民の95％）及びカザフ人等
主要な通貨	トグログ（MNT）
主な対日輸出品	鉱物資源（石炭、蛍石）、繊維製品、一般機械
日本との国交	あり
現国旗制定年	1992年1月12日

国の成り立ちと国旗のいわれ

＜国の成り立ち＞ 13世紀はじめ、チンギス・ハーンが大帝国を築いた場所。その後、17世紀には中国の支配下に入るが、1911年に独立し、1924年にモンゴル人民共和国が成立。しかし、1990年には社会主義を放棄して、1992年に国名をモンゴル国と改めた。

＜国旗のいわれ＞ 左側のデザインはソヨンボ（蓮台）と呼ばれる。かつて使われていた文字で、上から幸福を示す炎、太陽と月、大地に向かう矢と槍を示す三角形、正義と正直さを示す長方形、陰陽を示す巴から構成されている。赤は進歩と繁栄、青はモンゴルの伝統的な色、黄色は永遠の友情を表す。現在の国旗は社会主義政権時代のモンゴル人民共和国時に制定されたものだが、1992年にソヨンボの上に社会主義を意味する金星がついていたものが外されている。

国名の現地公用語での表記

モンゴル語　Монгол Улс

ヨルダン・ハシェミット王国
Hashemite Kingdom of Jordan

国名コード	JOR
首都の位置	北緯31.57：東経35.56

アジア

現国旗の縦横の比率 1：2

国の成り立ちと国旗のいわれ

＜国の成り立ち＞ 7世紀からイスラム諸王朝の支配を受け、16世紀からはオスマン帝国の支配下に入る。第一次世界大戦後の1919年にはイギリスの統治領となるが、1923年にトランス・ヨルダン王国が成立し、1946年に独立、1950年に現在の国名に改められた。

＜国旗のいわれ＞ 黒・白・緑の3本の帯はそれぞれアッバース朝、ウマイヤ朝、ファティマ朝を表す。赤の三角形は現在のヨルダン王朝であるハーシム家と1917年の大アラブ革命を象徴し、白い7角星が放つ光はイスラム教の聖典コーラン冒頭の一番重要な聖句「アッラーの他に神はなく、ムハンマドはアッラーの使徒（預言者）なり」を表している。

独立年	1946年にイギリスから独立
首都	アンマン
面積	8万9,000km²（日本の約4分の1）
人口	645万9,000人（2013年）
主な言語	アラビア語、英語
宗教	イスラム教（93％）、キリスト教等（7％）
政体	立憲（世襲）君主制
民族	アラブ人
主要な通貨	ヨルダン・ディナール（JOD）
主な対日輸出品	カリ肥料，燐鉱石
日本との国交	あり
現国旗制定年	1928年4月16日

国名の現地公用語での表記

アラビア語　المملكة الأردنيّة الهاشميّة

国名コード	LAO
首都の位置	北緯18.01：東経102.48

ラオス人民民主共和国
Lao People's Democratic Republic

アジア

現国旗の縦横の比率
2：3

独立年	1953年にフランスから完全に独立
首都	ビエンチャン
面積	24万km²
人口	約649万人（2015年）
主な言語	ラオス語
宗教	仏教
政体	人民民主共和制
民族	ラオ族（全人口の約半数以上）を含む計49民族
主要な通貨	キープ（LAK）
主な対日輸出品	衣類付属品、履物、コーヒー
日本との国交	あり
現国旗制定年	1975年12月2日

国の成り立ちと国旗のいわれ

＜国の成り立ち＞14世紀にランサーン王国として統一されたが、タイやカンボジアなどの近隣諸国から長い間圧迫を受けてきた。19世紀末にはフランスの保護領となり、1953年にラオス王国として完全独立。しかし、その後も内戦が繰り返され、インドシナ情勢の急変にともない、1975年にラオス人民民主共和国が成立した。

＜国旗のいわれ＞赤は独立闘争で流された血を、青は国の豊さとメコン川を、中央の白い丸は人民の団結と幸福を象徴している。共産党政権では一般的に星がよく使われるが、月が使われている点が珍しい。

国名の現地公用語での表記

ラーオ語　ສາທາລະນະລັດ ປະຊາທິປະໄຕ ປະຊາຊົນລາວ

52

レバノン共和国

Republic of Lebanon

国名コード	LBN
首都の位置	北緯33.52：東経35.30

現国旗の縦横の比率 2：3

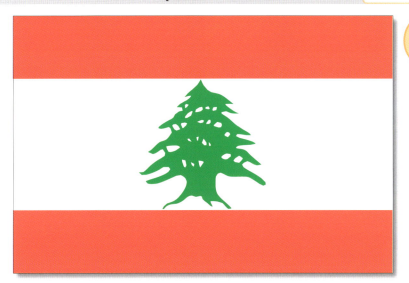

国の成り立ちと国旗のいわれ

＜国の成り立ち＞ 16世紀にオスマン帝国の支配下に入り、1920年にはフランスの委任統治領となるが1943年にフランスから独立。しかし、イスラム教徒とキリスト教徒の対立から内戦が続き、1990年にシリアの介入で停戦。民族、宗教、宗派の均衡を保つために、宗派別に国会での議席数が決められており、イスラム教徒とキリスト教徒は同数の議席を有している。

＜国旗のいわれ＞ 中央に旧約聖書にも記述があり、国のシンボルでもあるレバノン杉が描かれている。赤は勇気と尊い犠牲を、白は純潔と平和を象徴している。1996年にレバノン杉の幹の色が茶から緑に変更されている。

独立年	1943年にフランスから独立
首都	ベイルート
面積	1万452km²（岐阜県とほぼ同じ）
人口	約443万人（2012年）
主な言語	アラビア語、フランス語、英語
宗教	キリスト教（マロン派、ギリシャ正教、ギリシャ・カトリック、ローマ・カトリック、アルメニア正教） イスラム教（シーア派、スンニ派、ドルーズ派）等18宗派
政体	共和制
民族	アラブ人（95％）、アルメニア人（4％）、その他（1％）
主要な通貨	レバノン・ポンド（LBP）
主な対日輸出品	化学製品等
日本との国交	あり
現国旗制定年	1943年12月7日

国名の現地公用語での表記

アラビア語　الجمهوريّة اللبنانيّة

国名コード	TWN
政庁の位置	北緯25.02：東経121.38

台湾（中華民国）
Taiwan（Republic of China）

現地域旗の縦横の比率 2：3

独立年	1912年中華民国成立
政庁	台北
面積	3万6,000km²（九州よりやや小さい）
人口	約2,343万人（2014年）
主な言語	中国語、台湾語、客家語等
宗教	道教、キリスト教、仏教
政体	民主共和制
民族	漢民族
主要な通貨	ニュー台湾ドル（TWD）
主な対日輸出品	集積回路、半導体、プラスチック製品
日本との国交	なし
現地域旗制定年	1928年10月8日

国の成り立ちと国旗のいわれ

＜国の成り立ち＞ オランダによる統治後に、17世紀に清朝によって制圧され台湾府がおかれた。1895年日清戦争で清朝が破れ、下関条約により日本に割譲されたが1945年に中国に復帰。1949年、中国共産党との闘いに敗れた国民党が台湾に移り現在に至る。

＜旗のいわれ＞ 青天白日滿地紅旗と呼ばれる。青、白、赤の3色は孫文の三民主義に由来している。青は民権主義と自由を、白は民主主義と平等を、赤は民族主義と革命に身をささげた人の血を象徴している。太陽が放つ12本の光は十二支を表し、絶え間ない進歩を意味している。

国名の現地公用語での表記

中国語　　中華民國（臺灣）

パレスチナ自治政府
Palestinian Interim Self-Government Authority

国名コード PSE
政庁の位置 北緯31.54：東経35.12

現地域旗の縦横の比率 1：2

国の成り立ちと国旗のいわれ

＜国の成り立ち＞ ヨルダン川西岸地区と地中海に面するガザ地区からなる地域。1948年にユダヤ人がパレスチナにイスラエル建国を宣言して以降、パレスチナ人とイスラエルとの間に戦争やテロが繰り返されている。1969年第三次中東戦争でイスラエルが西岸とガザを占領。1988年にパレスチナ解放機構（PLO）のアラファト議長がパレスチナ国家樹立を宣言。1993年にはPLOとイスラエルの間で暫定自治協定が結ばれて1995年9月に自治政府が設立された。

＜旗のいわれ＞アラブ諸国で広く使われている汎アラブ色の4色が使用されている。赤は勇気を、黒は暗い過去、白は純粋さ、緑はイスラム教を表している。

独立年	1994年に暫定自治開始
政庁	ラマラ（西岸地区）
面積	約6,020km²（三重県とほぼ同じ）
人口	約1,210万人（2014年）
主な言語	アラビア語
宗教	イスラム教（92％）、キリスト教（7％）、その他（1％）
政体	暫定自治宣言に基づく自治政府
民族	アラブ人
主要な通貨	新シェケル（ILS）
主な対日輸出品	ビール、動物、せっけん
日本との国交	なし
現地域旗制定年	1988年11月15日

国名の現地公用語での表記

アラビア語　السلطة الوطنية الفلسطينية

国名コード	HKG
地域の位置	北緯21.45：東経115.00
現地域旗の縦横の比率	2：3

香港
Hong Kong

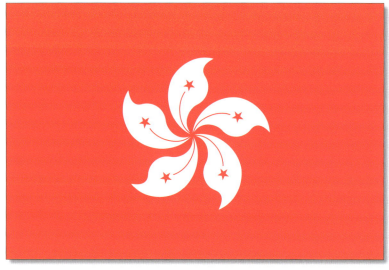

独立年	1997年にイギリスから中国に返還
面積	1,103k㎡（東京都の約半分）
人口	約717万人（2013年）
主な言語	広東語、英語、中国語（北京語）等
宗教	仏教、道教、カトリック、プロテスタント、ヒンドゥー教、シーク教、ユダヤ教
政体	中華人民共和国香港特別行政区
民族	漢民族
主要な通貨	香港ドル（HKD）
主な対日輸出品	衣料、雑貨、電気・電子機器
日本との国交	あり
現地域旗制定年	1990年4月4日

国の成り立ちと国旗のいわれ

＜国の成り立ち＞ アヘン戦争後の南京条約、北京条約によりイギリスの領土となる。1898年イギリスは新界地域の99ヵ年の租借を確保。1982年に中国とイギリスが香港返還問題の交渉を開始。1997年に中国に返還された。外交と防衛をのぞく自治権をもつ一国二制度の特別行政区となった。

＜旗のいわれ＞ 香港を象徴するバウヒニアの花が中央に描かれ、花弁の5つの星は、中国国旗の五星紅旗にちなんでいて、中国の同胞としての一体感を、また赤は社会主義、白は資本主義を表している。

国名の現地公用語での表記

広東語　中華人民共和國香港特別行政區

マカオ
Macau

国名コード MAC
地域の位置 北緯22.11：東経113.33

アジア

現地域旗の縦横の比率 2：3

国の成り立ちと国旗のいわれ

＜国の成り立ち＞ 16世紀初めポルトガル人がマカオに到来。1862年アカオにおけるポルトガル統治権を清が認め、1887年ポルトガルの永久的な占有権を承認。1979年中華人民共和国とポルトガルの国交樹立。1986年よりポルトガルと中国の間で、マカオ返還交渉開始。1999年にマカオの行政権が中国に返還にされた。外交と防衛をのぞく自治権を持つ一国二制度の特別行政区となった。

＜旗のいわれ＞ 明るい緑地に白い蓮の花と橋、海がデザインされ、その上に五つの黄色の五芒星が描かれている。蓮の花はマカオの象徴、橋はタイパ橋で、中国本土とのつながりを示している。五つの星は、中国国旗の五星紅旗からとられており、マカオが中国の領土であるということを象徴している。

独立年	1999年にポルトガルから中国に返還
面積	約29.9km²（東京都の10分の1位）
人口	約64万7,000人（2015年）
主な言語	広東語、ポルトガル語
宗教	仏教、道教、カトリックプロテスタント、ヒンドゥー教、シーク教、ユダヤ教
政体	中華人民共和国マカオ特別行政区
民族	漢民族
主要な通貨	パタカ（MOP）
日本との国交	あり
現地域旗制定年	1999年12月20日

国名の現地公用語での表記

広東語　中華人民共和國澳門特別行政區

57

ヨーロッパ

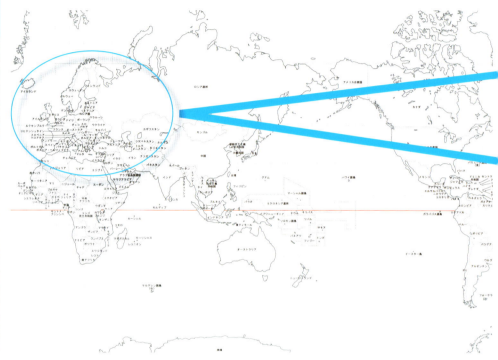

国名コード	ISL
首都の位置	北緯64.09：西経21.57

アイスランド共和国
Republic of Iceland

現国旗の縦横の比率 18：25

独立年	1918年にデンマークから独立
首都	レイキャビク
面積	10万3,000km²（北海道よりやや大きい）
人口	32万9,040人（2014年）
主な言語	アイスランド語
宗教	福音ルーテル派（国教人口の8割）
政体	共和制
民族	アイスランド人
主要な通貨	アイスランド・クローナ（ISK）
主な対日輸出品	魚介類、科学光学機械等
日本との国交	あり
現国旗制定年	1944年6月17日

国の成り立ちと国旗のいわれ

＜国の成り立ち＞北大西洋上の世界最北の島国。1262年にノルウェーの統治下に入り、1397年にはデンマークの支配を受けた。1918年にデンマークの同君連合として独立しアイスランド王国となる。第二次世界大戦中にイギリスやアメリカに駐留されたが、1944年に共和国として完全に独立を果たす。

＜国旗のいわれ＞青地に赤と白のスカンジナビア十字が描かれている。これはスカンジナビア諸国に共通のモチーフ。1915年デンマーク領アイスランドの旗として制定され、1918年に成立したアイスランド王国でも引き続き使用され、1944年アイスランド共和国樹立に伴い、国旗として制定された。青は古くからアイスランドの国民的な色、赤は火山、白は氷河と雪原を表している。色づかいはノルウェーの国旗と反対になっている。

国名の現地公用語での表記

アイスランド語　Lýðveldið Ísland

アイルランド

Ireland

国名コード　IRL
首都の位置
北緯53.21：西経6.16

現国旗
縦横の比率
1：2

国の成り立ちと国旗のいわれ

＜国の成り立ち＞北大西洋のアイルランド島南部を占める国。1801年にイギリスがアイルランドを併合。1914年にアイルランド自治法が成立するが、第一次世界大戦の勃発を理由に自治は保留される。1922年アイルランド自由国が成立しイギリスの自治領となる。ただし、北部の6州（北アイルランド）がイギリスにとどまったことによりアイルランド内戦へと発展することになる。1949年イギリス連邦を脱退し完全独立を果たした。

＜国旗のいわれ＞緑はケルトの伝統とカトリックを、オレンジはウィリアム3世（17世紀後半のイングランド王）の支持者とプロテスタントを、白はその両者の平和を表している。

独立年	1938年にイギリスから独立
首都	ダブリン
面積	7万300km²（北海道とほぼ同じ）
人口	約461万人（2014年）
主な言語	アイルランド語（ゲール語）及び英語
宗教	カトリック
政体	立憲共和制
民族	アイルランド人
主要な通貨	ユーロ（EUR）
主な対日輸出品	有機化合物、光学機器、医薬品等
日本との国交	あり
現国旗制定年	1937年12月29日

国名の現地公用語での表記

アイルランド語　　Éire

アルバニア共和国

Republic of Albania

国名コード　ALB
首都の位置
北緯41.20：東経19.48

現国旗の縦横の比率
5：7

独立年	1912年にオスマン帝国から独立
首都	ティラナ
面積	約2万8,700km²（四国の約1.5倍）
人口	約289万人（2014年）
主な言語	アルバニア語
宗教	イスラム教（57％）、正教（7％）、ローマカトリック教（10％）
政体	共和制
民族	アルバニア人
主要な通貨	レク（ALL）
主な対日輸出品	魚介類、繊維製品
日本との国交	あり
現国旗制定年	1992年4月7日

国の成り立ちと国旗のいわれ

＜国の成り立ち＞1478年にはオスマン帝国の支配下におかれるが、1912年に独立。しかし、その後もイタリアやドイツに相次いで支配、占領されるが1944年には全土が解放され、1991年に現在の国名となった。

＜国旗のいわれ＞赤地に黒の双頭の鷲を描いている。原型は、15世紀にオスマン帝国の支配に抵抗した中世アルバニアの英雄スカンデルベクの紋章にちなんだもの。1946年から1992年の共産主義政権下では、鷲の頭上に共産党の象徴である黄色い縁取りの赤い星が描かれていたが、それがとりのぞかれている。

国名の現地公用語での表記

アルバニア語　　Republika e Shqipërise

アンドラ公国
Principality of Andorra

国名コード　AND
首都の位置
北緯42.30：東経1.31

現国旗縦横の比率　7：10

国の成り立ちと国旗のいわれ

＜国の成り立ち＞ 1278年、スペインのウルヘル司教とフォア伯爵（後のフランス王アンリ4世）がアンドラの共同領主となった。フォア伯爵がフランス王アンリ4世となったため、共同領主の地位はフランスへ引き継がれている。1993年に新憲法が可決されアンドラは正式に独立国家となった。しかし引き続きフランス大統領とウルヘル司教が共同の国家元首となっている。

＜国旗のいわれ＞ 1866に採用され1996年に公式に国旗として採用された。青はフランス、黄色はカトリック、赤はスペインを表している。中心部の国章は、左上にウルヘル司教を示し、右上はフォア伯爵家の紋章に基づいている。左下がスペインのカタルーニャ州の紋章、右下がフランスのベアルン子爵家の紋章でベアルン地方を表している。下部には国の標語「力を合わせれば強くなる（団結は力なり）」とラテン語で記されている

独立年	1278年にアラゴン連合王国から独立
首都	アンドラベリャ
面積	468㎢
人口	7万1,732人（2015年）
主な言語	カタルニア語（公用語）、スペイン語、ポルトガル語、フランス語
宗教	カトリック
政体	共同元首を擁する議会制
民族	スペイン系（約40％）、アンドラ人（約35％）、ポルトガル系（約10％）
主要な通貨	ユーロ（EUR）
主な対日輸出品	機械部品、腕時計
日本との国交	あり
現国旗制定年	1996年7月10日

国名の現地公用語での表記

カタルニア語　　Principat d'Andorra

国名コード	ITA
首都の位置	北緯41.54：東経12.29

イタリア共和国
Republic of Italy

現国旗の縦横の比率 2：3

独立年	1861年にイタリア王国樹立
首都	ローマ
面積	30万1,000km²（日本の約5分の4）
人口	6,080万人（2014年）
主な言語	イタリア語
宗教	キリスト教（カトリック 国民の約80％）、キリスト教（プロテスタント）、ユダヤ教、イスラム教、仏教
政体	共和制
民族	イタリア人
主要な通貨	ユーロ（EUR）
主な対日輸出品	医薬品、バッグ、衣類
日本との国交	あり
現国旗制定年	1948年1月1日

国の成り立ちと国旗のいわれ

＜国の成り立ち＞ローマ帝国の中心地域として栄えたが、395年に東西分裂、476年にイタリアが属していた西ローマ帝国は滅びる。その後は、さまざまな勢力が各地域に割拠し、分裂状態になる。1861年、ヴィットーリオ・エマヌエーレⅡ世がイタリア統一を果たしイタリア王国を建設。第二次世界大戦を経て、1946年に共和制へ移行し現在のイタリア共和国が成立した。

＜国旗のいわれ＞三色旗（トリコローレ）とも呼ばれる。フランス国旗のトリコロールを起源とし、19世紀のイタリア統一運動のシンボルとなった。緑は国土、白は雪・正義・平和、赤は熱血を表している。

国名の現地公用語での表記

イタリア語　　Repubblica Italiana

英国

United Kingdom of Great Britain and Northern Ireland

国名コード	GBR
首都の位置	北緯51.30：西経0.07

現国旗の縦横の比率
1：2

ヨーロッパ

国の成り立ちと国旗のいわれ

＜国の成り立ち＞1066年ノルマンディ公ウィリアムがイングランドを征服。1707年にはスコットランド王国とイングランド王国が合併しグレートブリテン連合王国が成立。1801年にグレートブリテン及びアイルランド連合王国が成立し、1922年には、南アイルランドが分離し、グレートブリテン及び北アイルランド連合王国へ改称した。

＜国旗のいわれ＞通称ユニオン・フラッグ、ユニオン・ジャックとも呼ばれる。イングランドの聖ジョージ旗（白地に赤十字）、スコットランドの聖アンドリュース旗（青地に白い斜めの十字）、が、イングランドとスコットランドの同君連合時代に組み合わされて作られた。さらに、グレートブリテンおよびアイルランド連合国が成立した際に、アイルランドの聖パトリック十字（白地に赤のX十字）が組み合わされた。スコットランドとアイルランドの扱いを平等にするために、斜線がずらされている。（カウンターチェンジという）

独立年	1801年の連合法により現国名になる
首都	ロンドン
面積	24万3,000km²（日本の3分の2）
人口	6,411万人（2013年）
主な言語	英語（ウエールズ語ゲール語等使用地域あり）
宗教	英国国教等
政体	立憲君主制
民族	ゲルマン民族系アングロ・サクソン人、ケルト系スコットランド人、アイルランド人、ウェールズ人、インド系（印僑）、アフリカ系、アラブ系や華僑等の多民族国家
主要な通貨	スターリング・ポンド（GBP）
主な対日輸出品	医薬品、有機化合物、原動機等
日本との国交	あり
現国旗制定年	1801年1月1日

国名の現地公用語での表記

英語 United Kingdom of Great Britain and Northern Ireland

国名コード	EST
首都の位置	北緯59.26：東経24.45

エストニア共和国
Republic of Estonia

現国旗の縦横の比率 7：11

独立年	1991年にソ連邦から独立
首都	タリン
面積	4万5,000km²（日本の約9分の1）
人口	約131万人（2015年）
主な言語	エストニア語（フィン、ウゴル語派）
宗教	プロテスタント（ルター派）、ロシア正教等
政体	共和制
民族	エストニア人（約70％）、ロシア人（約25％）、ウクライナ人（約2％）、ベラルーシ人（約1％）等
主要な通貨	ユーロ（EUR）
主な対日輸出品	魚介類、半導体等電子部品、自動車の部品類等
日本との国交	あり
現国旗制定年	1990年8月7日

国の成り立ちと国旗のいわれ

＜国の成り立ち＞バルト3国の最北国。1219年にデンマーク人が進出、1346年にはドイツ騎士団が進出、1629年にスウェーデン領となった。1721年の北方戦争の結果、ロシア領となるが、1918年に独立を果たす。1940年に再びソ連に併合、1991年に再独立を果たしている。しかし、国内に残った残留ロシア人の問題やロシアとの国境問題をいまだに抱えている。

＜国旗のいわれ＞青はエストニアの空・湖・海を、黒は大地を、白は雪・幸福の追求を表している。

国名の現地公用語での表記

エストニア語　　Eesti Vabariik

オーストリア共和国
Republic of Austria

国名コード	AUT
首都の位置	北緯48.13：東経16.22

現国旗の縦横の比率 2：3

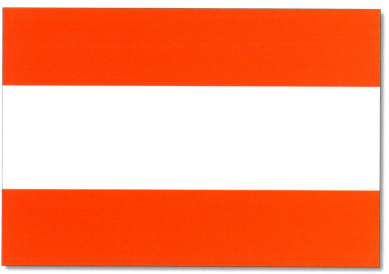

国の成り立ちと国旗のいわれ

＜国の成り立ち＞1270年にハプスブルク家ルドルフ公がオーストリアに王権を確立。1918年には第一次世界大戦敗北によりハプスブルク帝国が崩壊し共和制を開始。1938～1945年までナチス・ドイツに併合されるが1945年に独立を回復。永世中立を宣言している。

＜国旗のいわれ＞第3回十字軍に参加したバーベンベルク家のオーストリア公レオポルド5世が敵の返り血を浴びて全身が赤く染まったが、ベルト部分だけ白く残ったという故事が起源。政府旗だけには国章が中央に描かれている。国章は、かつてのオーストリア・ハンガリー帝国の国章でハプスブルク家の家紋でもあった双頭の鷲だが、第一次世界大戦後に単頭に置きかえられた。鷲の両足につながっているちぎれた鉄の鎖は、第二次世界大戦後に加えられ、ナチス・ドイツからの解放を示している。

独立年	1955年に連合国軍による分割占領から独立
首都	ウィーン
面積	約8万4,000km²（北海道とほぼ同じ）
人口	約850万人
主な言語	ドイツ語
宗教	カトリック（約63.1％）、プロテスタント（約3.55％）イスラム教（約6.8％）
政体	連邦共和制
民族	オーストリア人（ゲルマン民族）
主要な通貨	ユーロ（EUR）
主な対日輸出品	機械類及び輸送用機器、木材、家具等
日本との国交	あり
現国旗制定年	1984年4月27日

国名の現地公用語での表記

ドイツ語　Republik Österreich

67

オランダ王国
Kingdom of the Netherlands

国名コード	NLD
首都の位置	北緯52.22：東経4.54
現国旗の縦横の比率	7：11

独立年	1648年にスペインから独立
首都	アムステルダム
面積	4万1,864km²（九州とほぼ同じ）
人口	1,697万人（2015年）
主な言語	オランダ語
宗教	キリスト教（カトリック24.4%、プロテスタント15.8%）、イスラム教（4.9%）、ヒンズー教（0.6%）、仏教（0.5%）、無宗教・その他（53.8%）
政体	立憲君主制
民族	オランダ人（ゲルマン民族）
主要な通貨	ユーロ（EUR）
主な対日輸出品	電気機器、石油及び調整品等
日本との国交	あり
現国旗制定年	1937年2月19日

国の成り立ちと国旗のいわれ

＜国の成り立ち＞カリブ海のアルバ、キュラソー、シント・マールテンと共にオランダ王国を構成している。また、ベルギー、ルクセンブルクと合わせてベネルクス三国と呼ばれる。16世紀にスペインのハプスブルグ家の領地になるが1568年に独立戦争が勃発し、1648年に独立。その後は、海上帝国として黄金時代を築くが、衰退しフランスへの併合、ドイツの占領などを経て、1945年に解放されている。

＜国旗のいわれ＞世界初の三色旗といわれ、さまざまな国旗に影響を与えた。スペインからの独立戦争時に使用したオレンジ・白・青の三色旗が原型。1630年以降は、オレンジは海上で識別しにくく色あせやしやすいため赤に置きかえられた。フランス統治時代には、フランス三色旗に似ているため使用が禁止されたが、1937年赤・白・青の三色旗が正式に国旗と制定された。赤は国民の勇気、白は信仰心、青は忠誠心を表している。

国名の現地公用語での表記

オランダ語　Nederland

キプロス共和国
Republic of Cyprus

国名コード　CYP
首都の位置　北緯35.11：東経33.23

現国旗の縦横の比率　3：5

国の成り立ちと国旗のいわれ

＜国の成り立ち＞16世紀にオスマン帝国の支配下におかれ、1925年にはイギリスの植民地になったが、1960年にイギリス連邦内の共和国として独立。しかし、1974年にトルコ軍が島の北部に侵攻し、北キプロス・トルコ共和国の独立を宣言したが、トルコ以外からの国家承認は得られていない。

＜国旗のいわれ＞国民の大半を占めるギリシア系と少数のトルコ系住民との争いが絶えないため、ギリシアを象徴する青、トルコを象徴する赤のどちらも入れない取り決めとなった。黄色はキプロス特産の銅、オリーブの枝は平和を表している。しかし、この国旗を使用しているのはギリシャ系住民だけで、北キプロス・トルコ共和国は別の国旗を使用している。

独立年	1960年にイギリスから独立
首都	ニコシア
面積	9,251km²（四国の約半分）
人口	約86万2,000人（2011年）※
主な言語	現代ギリシア語、トルコ語（共に公用語）、他英語
宗教	ギリシア正教、回教、その他
政体	大統領制
民族	ギリシャ系、トルコ系、その他（アルメニア系、マロン派等）
主要な通貨	ユーロ（EUR）
主な対日輸出品	ジュース類（果物及び野菜）フルーツ缶、機械類
日本との国交	あり
現国旗制定年	1960年8月16日

※人口：上記は、南部キプロス共和国実効支配地域の人口
（北部トルコ軍実効支配地域は不明）

国名の現地公用語での表記
現代ギリシャ語　Κυριακή Δημοκρατία
トルコ語　Kıbrıs Cumhuriyeti

国名コード	GRC
首都の位置	北緯37.59・東経23.44

ギリシャ共和国

Hellenic Republic

現国旗の縦横の比率 2：3

独立年	1830年にオスマン帝国から独立
首都	アテネ
面積	13万1,957km²（日本の約3分の1）
人口	約1,081万人（2011年）
主な言語	現代ギリシャ語
宗教	ギリシャ正教
政体	共和制
民族	ギリシャ人
主要な通貨	ユーロ（EUR）
主な対日輸出品	魚肉、タバコ、果実
日本との国交	あり
現国旗制定年	1978年12月22日

国の成り立ちと国旗のいわれ

＜国の成り立ち＞西洋文明発祥の地。BC5世紀ごろアテネを中心に栄えたが、ローマ帝国、オスマン帝国の支配下に入った。1821年にオスマン帝国とのあいだで独立戦争が勃発し1829年に独立が承認され、1830年にギリシャ王国として独立。2010年には巨額の財政赤字の隠ぺいが発覚し、世界中を巻き込む金融危機へと発展した。

＜国旗のいわれ＞9本の縞は独立戦争時の勝ちどき「自由か死か」というギリシャ語の9音節を表す。青は海と空、白は自由と独立を求める国民の純粋さを表している。

国名の現地公用語での表記

ギリシャ語（現代ギリシャ語）

Ελληνική Δημοκρατία

70

クロアチア共和国
Republic of Croatia

国名コード	HRV
首都の位置	北緯45.49：東経15.59

現国旗 縦横の比率 1：2

国の成り立ちと国旗のいわれ

＜国の成り立ち＞10世紀前半にクロアチア王国が建国される。15世紀にはオスマン帝国に征服される。1918年にはセルビア・クロアチア・スロベニア王国（後にユーゴスラビア王国と改称）建国に参加。第二次世界大戦中はナチス・ドイツの傀儡国「クロアチア独立国」の樹立を宣言し、ファシスト政権が誕生する。しかし1945年にユーゴスラビア連邦の一員となり、1991年に独立。

＜国旗のいわれ＞中央に国章のある汎スラブ色の国旗。国章の白赤のチェックはシャホヴニツァと呼ばれるクロアチア民族の象徴。チェックの上部に並ぶ5個の紋章は左から、中央クロアチア、ドゥブロヴニク、ダルマチア、イストラ、スラヴォニアの5地域を表している。

独立年	1991年にユーゴスラビアから独立
首都	ザグレブ
面積	5万6,594km²（九州の約1.5倍）
人口	428万5,000人（2012年）
主な言語	クロアチア語（公用語）
宗教	カトリック、セルビア正教等
政体	共和制
民族	クロアチア人（90.4％）、セルビア人（4.4％）等
主要な通貨	クーナ（HRK）
主な対日輸出品	クロマグロ、魚肉等
日本との国交	あり
現国旗制定年	1990年12月21日

国名の現地公用語での表記

クロアチア語　Republika Hrvatska

国名コード	割り当てなし
首都の位置	北緯42.39：東経21.10

コソボ共和国

Republic of Kosovo

国旗の縦横の比率 2：3

独立年	2008年にセルビアから独立
政庁所在地	プリシュティナ
面積	10万908km²（岐阜県とほぼ同じ）
人口	180万5,000人（2013年）
主な言語	アルバニア語（アルバニア人）、セルビア語（セルビア人）等
宗教	イスラム教（主にアルバニア人）、セルビア正教（セルビア人）
政体	共和制
民族	アルバニア人（92％）、セルビア人（5％）、トルコ人等諸民族（3％）
主要な通貨	ユーロ（EUR）
主な対日輸出品	バック類、プラスチック製品
日本との国交	あり
現域旗制定年	2008年2月17日

国の成り立ちと国旗のいわれ

＜国の成り立ち＞1946年ユーゴスラビア連邦人民共和国が成立。アルバニア人が多いコソボ一帯は、セルビア共和国内のコソボ・メトヒヤ自治州となる。1950年代以降独立運動が展開されるようになり、1990年代後半の大規模な紛争を経て、2008年コソボ自治州議会はセルビアからの独立宣言を採択。2012年5月現在、コソボはアメリカ合衆国、イギリス、日本、ドイツ、フランス等91カ国から独立承認されているが、セルビア、ロシア、中国等は承認を拒否している。

＜国旗のいわれ＞青地に黄色で中央にコソボの地形が描かれている。上部に配置された6つの白い星はコソボに居住する6民族の調和と団結を表している。

国名の現地公用語での表記

アルバニア語	Republika e Kosovës
セルビア語	Република Косово

サンマリノ共和国
Republic of San Marino

国名コード	SMR
首都の位置	北緯43.55 東経12.28

現国旗の縦横の比率 3:4

国の成り立ちと国旗のいわれ

＜国の成り立ち＞イタリア中部の内陸にある小国。4世紀はじめ、ローマ皇帝によるキリスト教徒迫害を逃れるために、マリーノという石工がこの地にたてこもり、信徒を集めて共同体を作り建国したという伝説がある。1263年に独自の憲章を定めた世界最古の共和国。1862年にイタリアとの友好善隣条約を結び、近代国家としての主権と独立を確立した。

＜国旗のいわれ＞青は空とアドリア海を、白はティタノ山を覆う雲を表している。中央に描かれている国章は、サンマリノにある3つの塔、ダチョウの羽、ティタノ山の3つの頂上を表し、両側には自由を意味する月桂樹と安定を意味する楢の枝、そして上部には主権の象徴としての冠が描かれている。下部のリボンにはラテン語で「LIBERTAS（自由）」と記されている。

独立年	301年にローマ帝国から独立
首都	サンマリノ
面積	61.2㎢
人口	3万2,572人（2014年）
主な言語	イタリア語
宗教	カトリック教
政体	共和制
民族	イタリア系サンマリノ人
主要な通貨	ユーロ（EUR）
主な対日輸出品	統計上、バチカンと共にイタリアに含まれる
日本との国交	あり
現国旗制定年	1862年4月6日

国名の現地公用語での表記

イタリア語	Serenissima Repubblica di San Marino

国名コード	CHE
首都の位置	北緯46.57：東経7.26

スイス連邦
Swiss Confederation

現国旗の縦横の比率　1：1

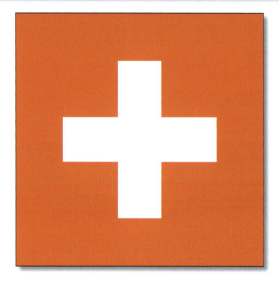

独立年	1648年に神聖ローマ帝国から独立
首都	ベルン
面積	4万1,000km²（九州とほぼ同じ）
人口	824万人（2014年）
主な言語	ドイツ語（64％）、フランス語（23％）、イタリア語（8％）、ロマンシュ語（1％）
宗教	カトリック（38％）、プロテスタント（26％）、その他キリスト教（6％）、イスラム教（5％）
政体	連邦共和制
民族	ゲルマン民族
主要な通貨	スイス・フラン（CHF）
主な対日輸出品	医薬品・医薬用品、腕時計、化学品
日本との国交	あり
現国旗制定年	1889年12月12日

国の成り立ちと国旗のいわれ

＜国の成り立ち＞ヨーロッパ中央部の永世中立国。1291年、ハプスブルク家に抵抗し、自由と自治を守るために、ウーリ、シュウィーツ、ウンターワルデンの3州が同盟を結び、現在のスイス連邦の原型を作る。1815年に永世中立国となる。第一次世界大戦でも武装中立を維持したため、国際連盟の本部がジュネーブに設置された。国内には他にも多くの国際機関の本部が置かれている。

＜国旗のいわれ＞スイス建国の起源となった3州のひとつシュウィーツ州の旗をもとに作られた。白十字を描いた赤旗は、もともと神聖ローマ帝国の軍旗として使われていたもので、神に仕えることを意味している。バチカン国旗と同様に正方形。

国名の現地公用語での表記

ドイツ語	Schweizerische Eidgenossenschaft
フランス語	Confédération Suisse
イタリア語	Confederazione Svizzera
ロマンシュ語	Confederaziun Svizra

スウェーデン王国
Kingdom of Sweden

国名コード	SWE
首都の位置	北緯59.20：東経18.04

現国旗の縦横の比率 5：8

国の成り立ちと国旗のいわれ

<国の成り立ち>1397年にデンマーク、ノルウェーとともにカルマル同盟を形成するが、1523年に独立。17世紀にはバルト帝国を建国し、新大陸にも植民地を築き黄金時代を迎える。1814年にはキール条約でノルウェーを併合するが1905年に分離。1932年に社会民主労働党政権となり、以降は福祉国家路線を歩むことになる。スウェーデンアカデミーによるノーベル賞は世界的権威がある。

<国旗のいわれ>金十字旗とも呼ばれる、青地に金のスカンディナヴィア十字が描かれた旗。青は澄んだ空、金はキリスト教・自由・独立を表す。この国旗は16世紀にはすでに使用されており、赤地に白十字を描いたデンマークの国旗がモデルになっている。スウェーデン・ノルウェー連合王国時には、両国の国旗を組み合わせた図柄を左上に描いた旗を使用していた。

独立年	1523年にカルマル同盟から独立
首都	ストックホルム
面積	約45万km²（日本の約1.2倍）
人口	約983万人（2015年）
主な言語	スウェーデン語
宗教	福音ルーテル派
政体	立憲君主制
民族	スウェーデン人
主要な通貨	スウェーデン・クローナ（SEK）
主な対日輸出品	木材、通信機、医薬品
日本との国交	あり
現国旗制定年	1906年6月22日

国名の現地公用語での表記

スウェーデン語　Konungariket Sverige

国名コード	ESP
首都の位置	北緯40.25：西経3.42

スペイン
Spain

現国旗の縦横の比率 2：3

独立年	1975年に王制復古
首都	マドリード
面積	50万6,000km²（日本の約1.3倍）
人口	約4,645万人（2014年）
主な言語	スペイン（カスティージャ）語、以下4語（バスク語・カタルーニャ語・ガリシア語・バレンシア語）も、スペイン憲法第3条で公用語として認可
宗教	カトリック（国民の約75%）
政体	議会君主制
民族	スペイン人
主要な通貨	ユーロ（EUR）
主な対日輸出品	有機化学品（21.0%）、医療用品（19.2%）、バッグ類（4.7%）等
日本との国交	あり
現国旗制定年	1981年12月19日

国の成り立ちと国旗のいわれ

＜国の成り立ち＞1469年スペイン王国成立。1492年レコンキスタ終結、コロンブスが新大陸到達。16世紀には「太陽の沈まない国」としてスペイン黄金世紀を迎える。しかし、16世紀後半、無敵艦隊がイギリスに敗退してから衰退が始まる。19世紀からは共和制移行と王政復古を繰り返したが、スペイン1978年憲法が成立して民主化がなされ制限君主制国家となっている。

＜国旗のいわれ＞「血と金の旗」と呼ばれ、黄は豊かな国土、赤は外敵を撃退した時に流れた血の象徴。紋章は、古いイベリア半島の5つの王国（カスティリヤ、アラゴン、レオン、ナパラ、グラナダ）の紋章とヘラクレスの柱を組み合わせたもの。その柱に巻きついたリボンにはラテン語で「PLVS VLTRA（より彼方へ）」と書かれている。

国名の現地公用語での表記
スペイン語	España
スペイン語	Estado Español

スロバキア共和国
Slovak Republic

国名コード	SVK
国の位置	北緯48.09：東経17.07

現国旗の縦横の比率 2：3

国の成り立ちと国旗のいわれ

＜国の成り立ち＞ 9世紀に現在のスロバキア、モラヴィア、ボヘミア、シレジア地方に大モラヴィア王国が成立したが、10世紀には滅亡しハンガリー王国の支配下に入る。1867年にはオーストリア・ハンガリー帝国に組み込まれる。1918年に帝国崩壊後にチェコスロバキア共和国が建国。1993年にチェコとの連邦を解消して独立した。

＜国旗のいわれ＞ 汎スラブ色の赤・青・白が使われている。中央左寄りに描かれているのは国章。複十字（ダブルクロス）は、ビザンチン帝国（東ローマ帝国）の正教会のシンボル、その下の3つの丘は実在するタトラ山、ファトラ山、マートラ山（現在はハンガリーにある）を示す。この複十字と3つの丘はハンガリーの国章にも使われている。

独立年	1993年にチェコスロバキア共和国が解体、独立
首都	ブラチスラバ
面積	4万9,037km²（日本の約7分の1）
人口	541万7,000人（2014年）
主な言語	スロバキア語
宗教	ローマカトリック69％、プロテスタント（ルター派）7％等
政体	共和制
民族	スロバキア人（80.6％）、ハンガリー人（8.5％）等
主要な通貨	ユーロ（EUR）
主な対日輸出品	ビデオカメラ等、送受信・受像機器部品
日本との国交	あり
現国旗制定年	1992年9月3日

国名の現地公用語での表記

スロバキア語 　Slovenská republika

国名コード	SVN
首都の位置	北緯46.03：東経14.31
現国旗の縦横の比率	1：2

スロベニア共和国

Republic of Slovenia

独立年	1991年にユーゴスラビア連邦から独立
首都	リュブリャナ
面積	2万273km²（四国とほぼ同じ）
人口	約206万5,000人（2015年）
主な言語	スロベニア語
宗教	カトリック（57.8％）イスラム教（2.4％）、セルビア正教（2.3％）、プロテスタント（0.8％）、その他（37.7％）
政体	共和制
民族	スロベニア人
主要な通貨	ユーロ（EUR）
主な対日輸出品	有機化合物、家具、衣類等
日本との国交	あり
現国旗制定年	1994年7月20日

国の成り立ちと国旗のいわれ

＜国の成り立ち＞6世紀末にスラブ人（スロベニア人）が定住を開始。1282年以降ハプスブルク家の所領となり、オーストリア・ハンガリー帝国が成立するとオーストリア帝国領となった。1918年に第一次世界大戦が終了しオーストリア・ハンガリー帝国が解体されると、セルビア・クロアチア・スロベニア王国の成立に加わった。1945年に社会主義体制となったユーゴスラビアに復帰し、ユーゴスラビアの構成国であるスロベニア人民共和国となる。しかし、1991年、東欧の民主化が進行するなかで独立を果たした。

＜国旗のいわれ＞白・青・赤はスラブ民族を象徴し、旗竿寄りに位置するのがスロベニアの国章。そこに描かれている山は国内最高峰のトリグラフ山で、青い2本の波線形はスロベニアの海岸を表している。ユーゴスラビア社会主義連邦共和国のスロベニア社会主義共和国だった時代には、中央に社会主義国の象徴である赤い5角星がついていた。

国名の現地公用語での表記

スロベニア語	Republika Slovenija

セルビア共和国
Republic of Serbia

国名コード	SRB
首都の位置	北緯44.49：東経20.28

現国旗の縦横の比率 2：3

国の成り立ちと国旗のいわれ

＜国の成り立ち＞11世紀ごろ、セルビア王国が建国される。1389年にオスマン帝国の支配下に入る。1878年に独立。ベルリン条約により、1918年にはセルビア・クロアチア・スロベニア王国を建国（1929年にユーゴスラビア王国に改称）。1945年にはユーゴスラビア社会主義連邦共和国のうちの1共和国となる、1992年ユーゴ解体。2003年にはモンテネグロとの国家連合であるセルビア・モンテネグロとなる。2006年、モンテネグロとともにそれぞれ独立を宣言、セルビア共和国となった。

＜国旗のいわれ＞汎スラブ色の赤・青・白の横3色旗で、政府庁舎などに掲揚される公式旗には、旗竿寄りに国章が入る。この国章は、12世紀東ローマ帝国のシンボルだった双頭の鷲。国章の無い旗の上下を逆にすると、ロシア国旗とほぼ同じものになる。

独立年	1878年にオスマン帝国から独立
首都	ベオグラード
面積	7万7,474km²（北海道とほぼ同じ）
人口	712万人（2011年）
主な言語	セルビア語（公用語）、ハンガリー語等
宗教	セルビア正教（セルビア人）、カトリック（ハンガリー人）等
政体	共和制
民族	セルビア人（83%）、ハンガリー人（4%）等
主要な通貨	セルビア・ディナール（CSD）
主な対日輸出品	冷凍果実、ワイン
日本との国交	あり
現国旗制定年	2010年11月11日

国名の現地公用語での表記
セルビア語
Република Србија / Republika Srbija

国名コード	CZE
首都の位置	北緯50.05：東経14.25

チェコ共和国
Czech Repablic

現国旗の縦横の比率 1：2

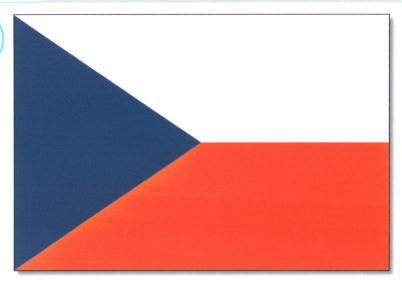

独立年	1993年にチェコスロバキア共和国から分離独立
首都	プラハ
面積	7万8,866km²（日本の約5分の1）
人口	1,054万人（2014年）
主な言語	チェコ語
宗教	カトリック10.3％、無信仰34.3％
政体	共和制
民族	チェコ人（95.5％）、ウクライナ人、スロバキア人等
主要な通貨	チェコ・コルナ（CZK）
主な対日輸出品	機械類、輸送用機器、雑製品、化学製品
日本との国交	あり
現国旗制定年	1920年3月30日

国の成り立ちと国旗のいわれ

＜国の成り立ち＞10～14世紀にはボヘミア王国が栄えたが、ハンガリー王国、ポーランド王国の支配を受け、17世紀前半にはハプスブルク家の支配下に入った。1918年スロバキアとチェコスロバキア共和国を建国。1938年ミュンヘン協定によりチェコスロバキア共和国崩壊。1945年独立を回復。1948年共産主義体制確立。1989年、共産党政権が崩壊し、1993年にスロバキアと平和的に分離（通称ビロード離婚）した。

＜国旗のいわれ＞チェコスロバキア時代の旗を使用している。1918年からボヘミアの紋章に由来する白赤の横2色の旗を使用していたが、ポーランド国旗と同じであるため、1920年にスロバキアとモラビアを表す青の三角形が加えられた。青は空、白は純粋さ、赤は独立闘争で流された血を示している。

国名の現地公用語での表記

チェコ語	Česká republika

デンマーク王国
Kingdom of Denmark

国名コード DNK
国の位置 北緯55.43：東経12.34

現国旗の縦横の比率 28：37

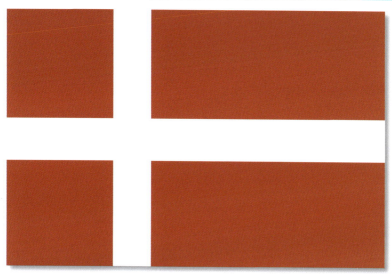

国の成り立ちと国旗のいわれ

＜国の成り立ち＞北ヨーロッパにある400あまりの島々からなる国。14世紀後半にデンマーク、スウェーデン、ノルウェーの3国でカルマル同盟成立。1523年にスウェーデンが同同盟脱退。1814年カルアル同盟解消。1949年NATO加盟。1973年EC加盟。ヨーロッパで唯一、首都が島にある国。グリーンランドと北大西洋のフェロー諸島の自治権も有している。

＜国旗のいわれ＞通称ダンネブロと呼ばれる、赤地に白のスカンジナビア十字を描いた旗。オーストリア国旗、スコットランド国旗とならんで、世界最古の国旗。伝説では、1219年にデンマーク王のヴァルデマール2世が、エストニア軍との戦いの最中に、空から降ってきたこの旗を掲げて勝利したといわれている。

独立年	8世紀のヴァイキング時代より
首都	コペンハーゲン
面積	約4万3,000km²（九州とほぼ同じ）（フェロー諸島及びグリーンランドを除く）
人口	約570万人（2016年）
主な言語	デンマーク語
宗教	福音ルーテル派（国教）
政体	立憲君主制
民族	デンマーク人
主要な通貨	デンマーク・クローネ（DKK）
主な対日輸出品	肉類、医薬品、科学光学機器等
日本との国交	あり
現国旗制定年	1893年5月1日

国名の現地公用語での表記

デンマーク語　Danmark

81

ドイツ連邦共和国
Federal Republic of Germany

国名コード　DEU
首都の位置　北緯52.31；東経13.23

現国旗の縦横の比率　3：5

独立年	1949年ドイツ連邦共和国成立
首都	ベルリン
面積	35万7,000km²（日本の約94％）
人口	8,094万人（2014年）
主な言語	ドイツ語
宗教	キリスト教（カトリック2,518万人、プロテスタント2,452万人）、ユダヤ教（11万人）
政体	連邦共和制
民族	ゲルマン系ドイツ民族
主要な通貨	ユーロ（EUR）
主な対日輸出品	化学製品、輸送設備、自動車
日本との国交	あり
現国旗制定年	1949年5月23日

国の成り立ちと国旗のいわれ

<国の成り立ち>各地に領邦国家（君主を中心とした半自立の支配圏）が分立した状態が続いていたが、1871年にドイツ帝国が成立。第一次世界大戦の敗北後、ワイマール共和国成立。しかし、多額の賠償金を抱え、1933年にヒトラー率いるナチス党が政権を握るとナチス・ドイツとなり1939年に第二次世界大戦が勃発。しかし1945年に敗戦。西ドイツ（ドイツ連邦共和国）と東ドイツ（ドイツ民主共和国）に分裂した。1989年東西を分断していた「ベルリンの壁」が崩壊し、翌年、再統一を果たしている。

<国旗のいわれ>1813年、ナポレオン戦争時の義勇軍の軍服（黒地に赤の襟、金のボタン）に由来するといわれている。黒は力、赤は血、金は栄光を表す。

国名の現地公用語での表記

ドイツ語　　Bundesrepublik Deutschland

ノルウェー王国

Kingdom of Norway

国名コード	NOR
首都の位置	北緯59.55：東経10.44

現国旗の縦横の比率 8：11

国の成り立ちと国旗のいわれ

＜国の成り立ち＞9世紀末にノルウェー王国が建国される。14世紀末にはカルマル同盟のもとでデンマークの支配下に入り、1814年にはスウェーデンに割譲される。1905年にノルウェー王国を樹立し独立を果たした。

＜国旗のいわれ＞赤地に白で縁どりされた青いスカンジナビア十字が描かれている。赤は国民の情熱、青は海と国土、白は雪を表している。また、赤地に白十字はかつての宗主国デンマークの国旗、その上の青い十字はノルウェーの海を表している。

独立年	1905年スウェーデンから独立
首都	オスロ
面積	38万6,000km²（日本とほぼ同じ）
人口	520万5,434人（2015年）
主な言語	ノルウェー語
宗教	福音ルーテル派（国教）
政体	立憲君主制
民族	ノルウェー人
主要な通貨	ノルウェー・クローネ（NOK）
主な対日輸出品	魚介類、非鉄金属、石油製品
日本との国交	あり
現国旗制定年	1821年7月13日

国名の現地公用語での表記

ノルウェー語（ブークモール）	Kongeriket Norge
ノルウェー語（ニーノシュク）	Kongeriket Noreg

ヨーロッパ

83

バチカン

Vatican

国名コード	割り当て無し
首都の位置	北緯41.54：東経12.27

現国旗の縦横の比率 1：1

※（注）法王を国家元首とする独立国家たるバチカン市国と、法王を首長として世界のカトリック教会を支配する法王聖座の聖俗両面の総称がバチカンとされている

国名の現地公用語での表記

ラテン語
Status Civitatis Vaticanæ

イタリア語
Stato della Città del Vaticano

独立年	1929年にイタリアから独立
首都	バチカン
面積	0.44㎢（この他、イタリア領土内に治外法権を有する施設あり）
人口	826人（2014年）
主な言語	ラテン語（公用語）、外交用語はフランス語、業務用語はイタリア語
宗教	キリスト教（カトリック）
政体	非世襲の首長公選制
民族	世界各地の民族がいるが、イタリア系、次いでスイス系が多い
主要な通貨	ユーロ（EUR）
主な対日輸出品	サンマリノ共和国とともにイタリアに含まれる
日本との国交	あり
現国旗制定年	1929年6月7日

国の成り立ちと国旗のいわれ

＜国の成り立ち＞イタリアのローマ市内にある世界最小の国。64年頃、使徒ペテロがバチカンの丘に葬られ、349年ペテロの墓所の上に聖ピエトロ聖堂が建設される。756年にはカロリング朝ピピンが、ラヴェンナ等の都市をローマ法王に寄進し、その後、法王領が拡大する。しかし、イタリア王国成立とともに法王領は接収されたため、法王庁とイタリア王国との関係が断絶。1929年、ラテラノ条約により、イタリアは、バチカン市国を独立した主権国家として承認。

＜国旗のいわれ＞黄色と白は、法王庁の衛兵の徽章の色、十字軍に由来するものなど諸説ある。金銀の鍵は、ペテロの鍵と呼ばれ、イエスが弟子ペテロに言った言葉「あなたに天の国の鍵を授ける」に由来し、聖俗両面の支配権を象徴している。その上には3段の法王冠があり、立法、司法、行政の3権力を表している。

ハンガリー
Hungary

国名コード	HUN
首都の位置	北緯47.30：東経19.03

現国旗の縦横の比率 1：2

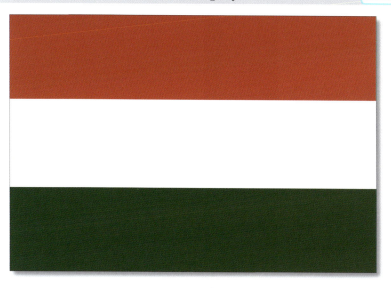

国の成り立ちと国旗のいわれ

＜国の成り立ち＞1000年ハンガリー王国が建国される。1526年からはオスマン帝国が、1699年からはハプスブルグ家が統治する。1867年には、オーストリア・ハンガリー二重帝国となるが、第一次世界大戦で敗戦国となり、オーストリアと分離。1989年に共和国へ体制転換し現在に至っている。

＜国旗のいわれ＞赤は過去の闘いで流された尊い血、白はハンガリーの川や清潔さ、緑は山々や希望を表している。この3色は、ハンガリーの古い紋章である緑の3つの丘の上に白い十字架を描いた赤い盾に由来している。

独立年	1000年にハンガリー王国建国
首都	ブタペスト
面積	約9万3,000km²（日本の約25％）
人口	約990万人（2015年）
主な言語	ハンガリー語
宗教	カトリック（約39％）、カルヴァン派（約12％）
政体	共和制
民族	ハンガリー人（86％）、ロマ人（3.2％）、ドイツ人（1.9％）等
主要な通貨	フォリント（HUF）
主な対日輸出品	事務用機器、豚肉、自動車
日本との国交	あり
現国旗制定年	1957年10月1日

国名の現地公用語での表記

ハンガリー語　**Magyarország**

国名コード	FIN
首都の位置	北緯60.10：東経24.57

フィンランド共和国

Republic of Finland

現国旗の縦横の比率
11：18

独立年	1917年にロシアから独立
首都	ヘルシンキ
面積	33万8,000㎢（日本よりやや小さい）
人口	約547万人（2015年）
主な言語	フィンランド語、スウェーデン語
宗教	福音ルーテル教（国教）、正教会（国教）
政体	共和制
民族	フィン人
主要な通貨	ユーロ（EUR）
主な対日輸出品	通信機、木材、非鉄金属
日本との国交	あり
現国旗制定年	1978年5月26日

国の成り立ちと国旗のいわれ

＜国の成り立ち＞1323年スウェーデン・ロシア間の国境確定により、フィンランドは、スウェーデンの一部となるが、1809年にスウェーデンはフィンランドをロシアへ割譲。1917年のロシア革命を機に、ロシアから独立を果たす。

＜国旗のいわれ＞白地に青のスカンジナビア十字を描いた旗。白は雪、青は湖を表す。公式掲揚の際には、十字の中心に国章を入れる。国章には、ライオンと9個の白いバラが描かれている。このバラは、スウェーデン統治時代に成立した州の数を示すという説もある。

国名の現地公用語での表記

フィンランド語	Suomen tasavalta
スウェーデン語	Republiken Finland

フランス共和国
French Republic

国名コード	FRA
首都の位置	北緯48.51：東経2.20

現国旗の縦横の比率 2：3

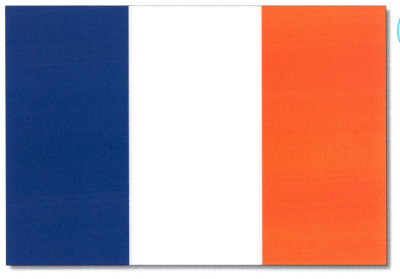

国の成り立ちと国旗のいわれ

＜国の成り立ち＞5世紀に侵入したゲルマン系民族が起源。10世紀にフランス王国が成立。1789年にフランス革命がおき、ブルボン朝が倒され共和制へ移行。1804年ナポレオン・ボナパルトが皇帝になる。その後、王制復古や共和制への移行を繰り返し、1958年以降は第5共和政として現在に至る。

＜国旗のいわれ＞通称トリコロール。青は自由、白は平等、赤は博愛のシンボルとして知られているが、正式には、白がフランス王家、青と赤はパリ市の紋章の色で、この3色が合わさることで、パリと王家との和解を意味している。第1共和制が成立した際に規定された旗は現在のオランダと同じ赤・白・青の横三色旗だったが、1794年に現在の旗になり、1814年から1830年の王政復古時代に白旗が使われた時を除いて使われ続けている。

独立年	1958年に第5共和政スタート
首都	パリ
面積	54万4,000km²（日本の約1.5倍）
人口	約6,633万人（2016年）
主な言語	フランス語
宗教	カトリック、イスラム教、プロテスタント、ユダヤ教
政体	共和制
民族	フランス人
主要な通貨	ユーロ（EUR）
主な対日輸出品	化学薬品、機械類・輸送用機器、アルコール飲料（ワイン等）
日本との国交	あり
現国旗制定年	1794年2月15日

国名の現地公用語での表記

フランス語	République française

国名コード	BGR
首都の位置	北緯42.42：東経23.19

ブルガリア共和国

Republic of Bulgaria

現国旗の縦横の比率 3：5

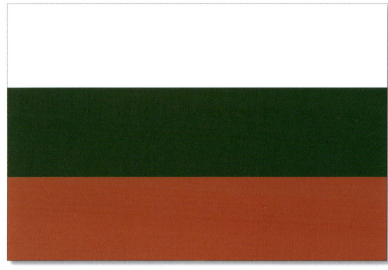

独立年	1908年にオスマン帝国から独立
首都	ソフィア
面積	11万900km²（日本の約3分の1）
人口	723万人（2014年）
主な言語	ブルガリア語
宗教	ブルガリア正教、他に回教徒、カトリック教徒、新教徒等
政体	共和制
民族	ブルガリア人（約80％）、トルコ系（9.7％）、ロマ（3.4％）等
主要な通貨	レフ（BGN）
主な対日輸出品	衣類、バッグ類、医薬品
日本との国交	あり
現国旗制定年	1998年4月24日

国の成り立ちと国旗のいわれ

＜国の成り立ち＞14世紀末から500年にもわたってオスマン帝国の支配下に置かれる。19世紀後半にようやく民族運動が高まり、1878年にロシア・トルコ戦争にオスマン帝国が敗北したことをきっかけに、ブルガリアは自治公国となり、1908年に独立を宣言しブルガリア王国が成立。1944年にはソ連が侵攻し、王制が廃止され共和制が成立、ソ連の衛星国家のブルガリア人民共和国となる。1989年に共産党独裁政権が崩壊し、1990年に国名を「ブルガリア人民共和国」から「ブルガリア共和国」に改称。

＜国旗のいわれ＞白は平和、緑は大地、赤は勇気を表す。基本は汎スラブ3色と同じだが、青の部分を農業を象徴する緑に置き換えている。

国名の現地公用語での表記

ブルガリア語
Република България

ベルギー王国
Kingdom of Belgium

国名コード	BEL
首都の位置	北緯50.51：東経4.21

現国旗の縦横の比率 13：15

国の成り立ちと国旗のいわれ

<国の成り立ち>15世紀以降、フランス、ハプスブルク家、スペインの支配下に入るが、16世紀にスペインの支配に対して起こって生まれた南ネーデルランドが現在のベルギー王国の起源。1815年にオランダと共にネーデルランド連合王国として再編されるが、フランス7月革命の影響を受けて1830年に独立を宣言した。

<国旗のいわれ>黒は力、黄色は充実、赤は勝利を表す。この三色は、黒い大地に赤い舌を出した黄色いライオンという13世紀はじめに考案されたブラバンド公の紋章に由来する。1830年の暫定政府の際には水平の三色旗だったが、1831年に垂直へ変更されている。

独立年	1830年ネーデルランド連合王国から独立
首都	ブリュッセル
面積	3万528km²（日本の約12分の1）
人口	1,128万人（2015年）
主な言語	オランダ語、フランス語、ドイツ語
宗教	キリスト教（カトリック）
政体	立憲君主制
民族	フランデレン人（約60％）、ワロン人（約30％）等
主要な通貨	ユーロ（EUR）
主な対日輸出品	医薬品、自動車、ダイヤモンド
日本との国交	あり
現国旗制定年	1831年1月23日

国名の現地公用語での表記

オランダ語	Koninkrijk België
フランス語	Royaume de Belgique
ドイツ語	Königreich Belgien

国名コード	POL
首都の位置	北緯52.15：東経21.00

ポーランド共和国

Republic of Poland

現国旗の縦横の比率 5:8

独立年	1918年ドイツから独立
首都	ワルシャワ
面積	約32万2,000km²（日本の約5分の4）
人口	約3,806万人（2014年）
主な言語	ポーランド語
宗教	カトリック（人口の約88%）
政体	共和制
民族	ポーランド人
主要な通貨	ズロチ（PLN）
主な対日輸出品	自動車部品、機械類、人造黒鉛
日本との国交	あり
現国旗制定年	1990年2月9日

国の成り立ちと国旗のいわれ

＜国の成り立ち＞10世紀に建国された。15～17世紀には東欧の大国となるが、18世紀末には3度にわたりロシア、プロシア、オーストリアの隣国三国に分割され、第一次世界大戦終了まで国が消滅する。1918年独立を回復。第二次世界大戦ではソ連とドイツに分割占領された。大戦での犠牲者は総人口の5分の1を超え、世界最高の比率。大戦後はソ連圏に組み込まれたが、1989年旧ソ連圏で最初の非社会主義政権が発足し共和国となった。

＜国旗のいわれ＞白と赤の配色は、13世紀から使われている国章の王冠をかぶった白い鷲に由来する。白は喜びと共和国の尊厳、赤は自由と独立のために流した血を表している。上下を逆に入れ替えると、インドネシア国旗とモナコ国旗になるが、縦横比が異なる。

国名の現地公用語での表記

ポーランド語　Rzeczpospolita Polska

ボスニア・ヘルツェゴビナ

Bosnia and Herzegovina

国名コード	BIH
首都の位置	北緯43.52：東経18.26

現国旗の縦横の比率 1：2

国の成り立ちと国旗のいわれ

<国の成り立ち>ボスニア・ヘルツェゴビナ連邦とスルプスカ共和国（セルビア人共和国）の2つの構成体からなる連邦国家。14世紀にはボスニア王国が確立。15世紀後半にはオスマン帝国の支配下に入り、19世紀後半にはオーストリア・ハンガリー支配下の一州となった。1946年にユーゴスラビア連邦の構成共和国の1つになるが、1992年に独立。しかし、民族紛争（ボスニア・ヘルツェゴビナ紛争）が発生し、1995年に和平協定が結ばれるまで続いた。

<国旗のいわれ>黄色の三角形は国土の形を図案化したもの。三角形の3辺は、国を構成するムスリム、セルビア、クロアチアの各民族を表すとも言われている。星を使っているのはEU旗を参考にしてデザインされたため。1998年の長野オリンピックに間に合わせるように制定された。1992年にユーゴから独立した時は白い背景に国章が描かれたのみのデザインであり、1998年までの期限付きで採用された。

独立年	1992年にユーゴスラビア連邦から独立
首都	サラエボ
面積	5万1,000km²
人口	388万人（2013年）
主な言語	ボスニア語、セルビア語、クロアチア語
宗教	イスラム教、セルビア正教、カトリック
政体	共和制
民族	ボシュニャク人（約50%）、クロアチア人（約10%）、セルビア人（約40%）等
主要な通貨	兌換マルク（BAM）
主な対日輸出品	木材、繊維製品等
日本との国交	あり
現国旗制定年	1998年2月4日

国名の現地公用語での表記

ボスニア語・クロアチア語	Bosna i Hercegovina
セルビア語	Босна и Херцеговина

国名コード	PRT
首都の位置	北緯38.42：西経9.08

ポルトガル共和国

Portuguese Republic

現国旗の縦横の比率 2：3

独立年	1640年にスペインから独立
首都	リスボン
面積	9万1,985km²（日本の約4分の1）
人口	約1,037万人（2014年）
主な言語	ポルトガル語
宗教	カトリック
政体	共和制
民族	ポルトガル人
主要な通貨	ユーロ（EUR）
主な対日輸出品	乗用車、化学製品、通信機
日本との国交	あり
現国旗制定年	1911年6月30日

国の成り立ちと国旗のいわれ

<国の成り立ち>8世紀からイスラム教徒の支配下におかれたが、レコンキスタが起こり、1143年ポルトガル建国。15世紀に大航海時代が始まると、全世界に広大な植民地を獲得するが、徐々に衰退し、1580年にはスペインに併合される。しかし、1640年にスペインから独立し、王政復古。その後、1910年には王制が終焉し、共和制へ移行している。

<国旗のいわれ>緑は希望を、赤は大海へ乗り出した勇気ある祖先の血を表す。中央の金色の球状の物体は、大航海時代の航海用具である天球儀。盾の7つの黄色い城は、レコンキスタの際に奪い返した城砦を、5つの青い盾は12世紀にイスラム教徒との闘いに勝利したことを、青い盾の中の白い円は、キリストの5つの聖痕を表すとされる。現行の国旗は1910年に王制が廃され、共和制が成立した際に制定された。

国名の現地公用語での表記

ポルトガル語　República Portuguesa

マケドニア旧ユーゴスラビア共和国
Former Yugoslav Republic of Macedonia

国名コード	MKD

首都の位置
北緯42.00：東経21.26

現国旗の縦横の比率
1：2

国の成り立ちと国旗のいわれ

＜国の成り立ち＞ アレクサンドロス大王を輩出したマケドニア王国の故地にあたる。15世紀にオスマン帝国に征服された。第一次世界大戦後にユーゴスラビア王国の一部となる。1943年からはユーゴスラビア連邦の構成国の1つとなった。1991年に独立している。

＜国旗のいわれ＞ 1992年に採用された国旗には、ヴェルギナの星（16本の光を放つ星で古代マケドニア王国の紋章）が描かれていたが、ギリシャが強く反発。1995年に光線の数を半分に減らした新しい国旗が制定された。赤は自由と進歩を求める闘い、黄色は生命と喜びを表している。

独立年	1991年にユーゴスラビア連邦から独立
首都	スコピエ
面積	2万5,713km²（九州の約3分の2）
人口	211万人（2014年）
主な言語	マケドニア語、アルバニア語
宗教	キリスト教（マケドニア正教70％）、イスラム教（30％）
政体	共和制
民族	マケドニア人
主要な通貨	マケドニア・ディナール（MKD）
主な対日輸出品	たばこ、ワイン等
日本との国交	あり
現国旗制定年	1995年10月5日

国名の現地公用語での表記

マケドニア語　Република Македониja

93

マルタ共和国
Republic of Malta

国名コード　MLT
首都の位置　北緯35.54：東経14.31
現国旗の縦横の比率　2：3

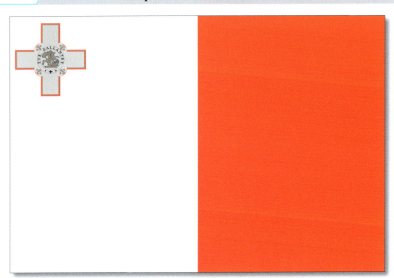

独立年	1964年にイギリスから独立
首都	バレッタ
面積	316㎢（淡路島の半分）
人口	約42万人（2012年）
主な言語	マルタ語及び英語が公用語
宗教	カトリック
政体	共和制
民族	マルタ人
主要な通貨	ユーロ（EUR）
主な対日輸出品	魚介類、半導体等電子部品、自動車部品等
日本との国交	あり
現国旗制定年	1964年9月21日

国の成り立ちと国旗のいわれ

＜国の成り立ち＞地中海の島国、イギリス連邦加盟国。BC800年ごろにはすでにフェニキア人による地中海貿易で栄えていた。その後、イスラム帝国、スペイン、フランスなどの支配を受けるが1814年からはイギリスの植民地となり、1964年に英連邦の一員として独立、1974年には共和制へ移行している。

＜国旗のいわれ＞11世紀にシチリアのルッジェーロ1世からこの2色を授かったとされるが定かではない。1942年に第二次世界大戦中のマルタ国民の勇敢な行動に対してイギリスのジョージ6世から国と全国民に対してジョージ十字勲章が贈られると、それが左上にの青いカントン部分に取り入れられた。白は信仰心、赤は国民の純粋さを表している。

国名の現地公用語での表記

マルタ語	Repubblika ta' Malta
英語	Republic of Malta

モナコ公国
Principality of Monaco

国名コード	MCO
首都の位置	北緯43.40：東経7.25

現国旗の縦横の比率 4：5

ヨーロッパ

国の成り立ちと国旗のいわれ

＜国の成り立ち＞ 1297年にジェノバ出身のグリマルディ家がモナコを占拠、現在のモナコ公家のグリマルディ家の始祖である。1793年から1814年までフランスが占領。1815年にはサルディーニャ王国の保護下に入る。1861年には領地の95％をフランスに売却、その見返りに独立。バチカンに次いで世界で2番目に小さい国。

＜国旗のいわれ＞ インドネシア国旗とデザインは同じだが縦横比が異なる。赤と白はグリマルディ家の紋章の色。元々のモナコの国旗は、国章を中央に描いた白旗が長年にわたり使われていたが、現在は政府旗として使われている。

独立年	1861年にフランスから独立
首都	モナコ
面積	2.02km²
人口	3万7,800人（2014年）
主な言語	フランス語（公用語）
宗教	カトリック（国教）
政体	立憲君主制
民族	フランス人（47％）、イタリア人（16％）、モナコ人（16％）、その他（21％）
主要な通貨	ユーロ（EUR）
主な対日輸出品	化粧品、光学機器
日本との国交	あり
現国旗制定年	1881年4月4日

国名の現地公用語での表記

フランス語	Principauté de Monaco

国名コード	MNE

首都の位置
北緯42.27：東経19.28

モンテネグロ
Montenegro

現国旗の縦横の比率
1：2

独立年	2006年にセルビア・モンテネグロから独立
首都	ポドゴリツァ
面積	1万3,812㎢（福島県とほぼ同じ）
人口	62万人（2011年）
主な言語	モンテネグロ語（公用語）、セルビア語等
宗教	キリスト教（正教）、イスラム教等
政体	共和制
民族	モンテネグロ人（45%）、セルビア人（29%）、ボシュニャク（9%）、アルバニア人（5%）等
主要な通貨	ユーロ（EUR）
主な対日輸出品	コンピュータ部品
日本との国交	あり
現国旗制定年	2004年7月13日

国の成り立ちと国旗のいわれ

＜国の成り立ち＞1852年モンテネグロ公国成立。1878年に宗主国だったオスマン帝国から完全に独立しモンテネグロ公国となる。1910年には公国から王国になる。第一次世界大戦後は、ユーゴスラビア王国に取り込まれ、1944年ユーゴスラビア連邦の1共和国となる。1992年にセルビアとともにユーゴスラビア連邦共和国を建国したが、2006年に国民投票の結果、モンテネグロ共和国として独立。2007年には国名をモンテネグロへ変更している。

＜国旗のいわれ＞19世紀にオスマン帝国との闘いで用いられた赤い旗に由来し、そこに黄色い縁取りがなされている。中央に描かれているのは国章。国章は、東ローマ帝国のシンボルである双頭の鷲をもとにしたデザインになっている。

国名の現地公用語での表記

モンテネグロ語　　Црна Гора

ラトビア共和国
Republic of Latvia

国名コード	LVA
首都の位置	北緯56.53：東経24.05

現国旗の縦横の比率　1：2

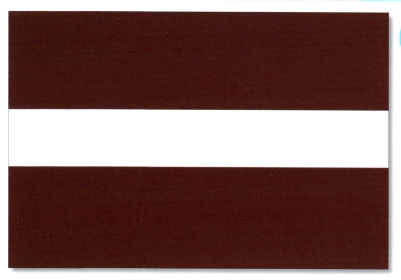

国の成り立ちと国旗のいわれ

＜国の成り立ち＞ヨーロッパのバルト三国（他はリトアニア・エストニア）の中央の国。13世紀初めごろにドイツ騎士団が領有をはじめるが、18世紀後半にはロシア帝国の支配下に入る。1918年に独立を宣言するものの、1940年にソ連に編入されラトビア・ソビエト社会主義共和国となる。しかし1991年に独立を完全回復した。

＜国旗のいわれ＞1860年代の終わりごろ、一人の学生が13世紀後半について記した古い年代記を発見した。そこには海老茶・白・海老茶の旗が当時存在していたという記述があり、それが民族の旗と考えられるようになった。その旗はもともとエストニア人と戦って傷ついたラトビア人が白い布にくるまれた時に、布の両端が血で赤く染まったと伝えられたところからきている。ソ連邦時代は使用が禁じられたが独立時に採用された。使われている海老茶色は、ラトビアン・レッドといわれる独特の色。

独立年	1991年にソ連邦から独立
首都	リガ
面積	6万5,000㎢（日本の約6分の1）
人口	215万人（2015年）
主な言語	ラトビア語
宗教	プロテスタント（ルター派）、カトリック、ロシア正教
政体	共和制
民族	ラトビア人（60％）、ロシア人（27.5％）、ベラルーシ人（3.7％）、ウクライナ（2.3％）、ポーランド人（2.4％）、リトアニア人（1.4％）
主要な通貨	ラッツ（LVL）
主な対日輸出品	木材、木製家具、鉱物性燃料
日本との国交	あり
現国旗制定年	1990年2月27日

国名の現地公用語での表記

ラトビア語　　Latvijas Republika

97

国名コード	LTU
首都の位置	北緯54.40：東経25.19

リトアニア共和国
Republic of Lithuania

現国旗の縦横の比率 3：5

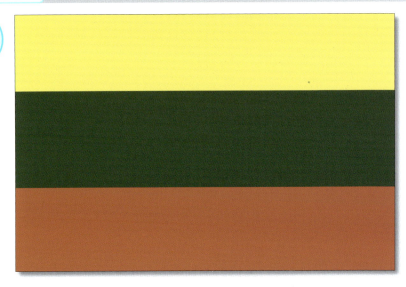

独立年	1991年にソ連邦から独立
首都	ビリニュス
面積	6万5,000km²
人口	296万6,000人（2015年）
主な言語	リトアニア語
宗教	カトリック
政体	共和制
民族	リトアニア人
主要な通貨	リタス（LTL）
主な対日輸出品	光学機器、家具、繊維製品
日本との国交	あり
現国旗制定年	2004年9月1日

国の成り立ちと国旗のいわれ

＜国の成り立ち＞ヨーロッパのバルト三国（他はラトビア・エストニア）で最も南の国。1236年リトアニア大公国が成立。1336年にはリトアニア・ポーランド王国が成立し、14～15世紀には領土を拡大した。しかし、1795年にロシア帝国に併合。1918年に独立を宣言したが、1940年にはソ連邦に侵攻され独立を失う。1991年になり独立を回復した。

＜国旗のいわれ＞黄色はリトアニアの光輝く農地、緑は地方の自然を、赤はリトアニアのために流されたすべての血を表している。2004年に国旗の縦横比が1：2から3：5へ変更された。

国名の現地公用語での表記

リトアニア語　　Lietuvos Respublika

リヒテンシュタイン公国
Principality of Liechtenstein

国名コード	LIE
首都の位置	北緯47.09：東経9.31

現国旗の縦横の比率 3：5

国の成り立ちと国旗のいわれ

＜国の成り立ち＞リヒテンシュタイン家のヨハン・アダム・アンドレアス侯が、1699年、シェレンベルク領（現在の低地部）を、ついで1712年、ファドーツ領（現在の高地部）をそれぞれ購入し、公国の基礎を固めた。1815年にドイツ連邦に加わったが、1866年に独立した。
＜国旗のいわれ＞青が空、赤は炉の火、王冠は国民と統治者が一体であることを表す。もともとは青と赤の2色旗だったが、1936年のベルリンオリンピックの時に、ハイチの市民旗とまったく同じだとわかり、混乱を避けるためにカントンに冠が加えられた。縦長に掲揚する時のために、左に青、右に赤がくるように配置し、冠の頂点がホイスト側（上）を向くものも存在する。

独立年	1866年にドイツ連邦から独立
首都	ファドーツ
面積	160km²（小豆島とほぼ同じ）
人口	約3万7,000人（2014年）
主な言語	ドイツ語
宗教	カトリック（約78%）、プロテスタント（約8%）イスラム教（約5%）
政体	立憲君主制
民族	ゲルマン民族
主要な通貨	スイス・フラン（CHF）
主な対日輸出品	統計なし
日本との国交	あり
現国旗制定年	1982年6月30日

国名の現地公用語での表記

ドイツ語	Fürstentum Liechtenstein

99

ルーマニア

Romania

国名コード	ROU
首都の位置	北緯44.26：東経26.06
現国旗の縦横の比率	3：5

独立年	1878年にオスマン帝国から独立
首都	ブカレスト
面積	23万8,000km²（本州とほぼ同じ）
人口	約1,994万人（2014年）
主な言語	ルーマニア語（公用語）、ハンガリー語
宗教	ルーマニア正教（87%）、カトリック（5%）
政体	共和制
民族	ルーマニア人（83.5%）、ハンガリー人（6.1%）等
主要な通貨	レウ（RON）
主な対日輸出品	木材、衣類、木製家具等
日本との国交	あり
現国旗制定年	1989年12月27日

国の成り立ちと国旗のいわれ

＜国の成り立ち＞14世紀にワラキア公国、モルダビア公国が成立。15世紀末頃にオスマン帝国の支配下に入る。18世紀にはハプスブルグ家のハンガリー王国領となる。1877年ワラキアとモルダビアが合併し独立宣言。1878年ベルリン会議でルーマニア王国として独立。第二次世界大戦後は、ソ連の圧力を受けて共産化し、1947年にルーマニア人民共和国が成立（1965年にルーマニア社会主義共和国に改称）。しかし、1989年にルーマニア革命によりチャウシェスクの独裁政権が倒され、民主化された。

＜国旗のいわれ＞1848年のワラキア革命で使用された青・黄・赤の3色旗が原型。青と黄色はワラキア、赤と青はモルダビアを象徴している。また、青は澄んだ空、黄色は鉱物資源、赤は国民の勇気を表している。

国名の現地公用語での表記

ルーマニア語　　România

ルクセンブルク大公国
Grand Duchy of Luxembourg

国名コード　LUX
首都の位置　北緯49.37：東経6.08

現国旗の縦横の比率　3：5

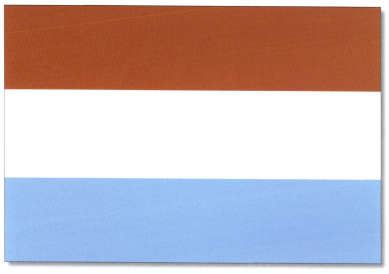

国の成り立ちと国旗のいわれ

＜国の成り立ち＞ベルギー、オランダと併せてベネルクス三国と呼ばれる小国のひとつ。963年にルクセンブルク領が誕生し、1354年に公国へ昇格。その後はスペインやオーストリア、フランスの支配を受けた。1815年に大公国として自治が復活。1867年にロンドン条約によってプロイセン王国とフランスの緩衝国とするため永世中立国となる。

＜国旗のいわれ＞オランダの国旗と似たデザインだが、オランダは濃い青を使用し、ルクセンブルクは明るい水色になっている。また、縦横比も異なる。白と青の縞を背景に赤いライオンを描いた13世紀のルクセンブルク大公家の紋章に由来する。

独立年	1867年に永世中立国となる
首都	ルクセンブルク
面積	2,586km²
人口	約56万2,958人（2015年）
主な言語	ルクセンブルク語、フランス語、ドイツ語
宗教	カトリック
政体	立憲君主制
民族	ルクセンブルク人
主要な通貨	ユーロ
主な対日輸出品	不織布、プラスチック製品、ポリエステル
日本との国交	あり
現国旗制定年	1972年6月23日

国名の現地公用語での表記

ルクセンブルク語
Grousherzogdem Lëtzebuerg

フランス語
Grand-Duché de Luxembourg

ドイツ語
Grousherzogdem Lëtzebuerg

ヨーロッパ

NIS諸国

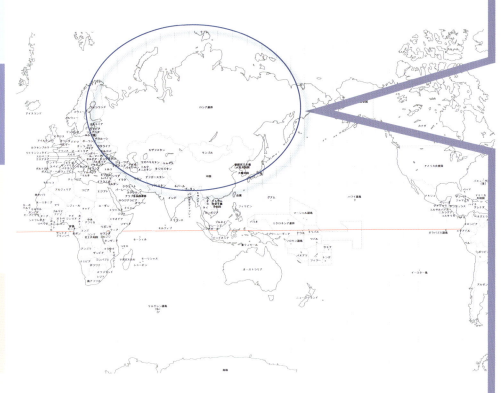

アゼルバイジャン共和国

国名コード AZE
首都の位置 北緯40.22：東経49.53

Republic of Azerbaijan

現国旗の縦横の比率 1：2

独立年	1991年にソ連邦から独立
首都	バクー
面積	8万6,600km²（日本の約4分の1）
人口	950万人（2014年）
主な言語	アゼルバイジャン語（公用語）
宗教	イスラム教（シーア派）
政体	共和制
民族	アゼルバイジャン系（90.6%）、レズギ系（2.2%）、ロシア系（1.8%）、アルメニア系（1.5%）
主要な通貨	マナト（AZN）
主な対日輸出品	石油及び同製品
日本との国交	あり
現国旗制定年	1991年2月5日

国の成り立ちと国旗のいわれ

＜国の成り立ち＞1828年ロシア・イラン戦争の結果、北アゼルバイジャンがロシアの統治下に入るが、1918年にアゼルバイジャン共和国を打ち立てる。しかしイギリス軍により占領され、その後1922年からはソ連邦の一部となり、連邦の解体にともない1989年に共和国主権宣言、1991年にアゼルバイジャン共和国に国名を変更し、独立国家共同体（CIS）に参加する。

＜国旗のいわれ＞三日月はイスラム教のシンボルで、八角星の8本の光は、この国を構成するテュルク系諸民族を象徴し、青はテュルク人を、緑はイスラム教、赤は進歩を表している。

国名の現地公用語での表記

アゼルバイジャン語　Azərbaycan Respublikası

アルメニア共和国
Republic of Armenia

国名コード	ARM
首都の位置	北緯40.10：東経44.31

現国旗の縦横の比率 1：2

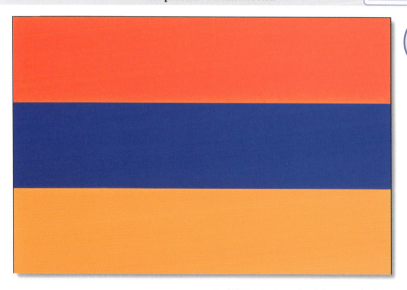

国の成り立ちと国旗のいわれ

＜国の成り立ち＞黒海とカスピ海の間の国。世界で初めてキリスト教を国教とした。1936年にソビエト連邦を構成するアルメニア・ソビエト社会主義共和国となるが、1991年に独立を果たす。しかし、アゼルバイジャンとの間で民族紛争が続いている。
＜国旗のいわれ＞赤は国のための戦いで流された血、青は国土の自然、オレンジは勇気を表している。この国旗はもともと第一次世界大戦後の独立期間の国旗だったが、ソ連邦崩壊によって再独立した際に、再び使用されるようになった。

独立年	1991年にソ連邦から独立
首都	エレバン
面積	2万9,800km²（日本の約13分の1）
人口	300万人（2015年）
主な言語	アルメニア語（公用語）
宗教	キリスト教（東方諸教会系のアルメニア教会）
政体	共和制
民族	アルメニア系（97.9%）、ロシア系（0.5%）、アッシリア系（0.1%）、その他（1.5%）
主要な通貨	ドラム（AMD）
主な対日輸出品	化学製品、有機化合物、たばこ等
日本との国交	あり
現国旗制定年	1990年8月24日

国名の現地公用語での表記
アルメニア語
Հայաստանի Հանրապետություն

ウクライナ

Ukraine

こくめい
国名コード UKR
しゅと　　いち
首都の位置
ほくい　　　とうけい
北緯50.26：東経30.31

げんこっき
現国旗の
たてよこ　ひりつ
縦横の比率
2：3

独立年	1991年にソ連邦から独立
首都	キエフ
面積	60万3,700km²（日本の約1.6倍）
人口	4,536万人（2014年）
主な言語	ウクライナ語（国家語）、その他ロシア語等
宗教	ウクライナ正教及び東方カトリック教。その他、イスラム教、ユダヤ教等。
政体	共和制
民族	ウクライナ人（77.8%）、ロシア人（17.3%）、ベラルーシ人（0.6%）、モルドバ人、クリミア・タタール等
主要な通貨	フリヴニャ（UAH）
主な対日輸出品	食料品、鉄鋼、金属製品
日本との国交	あり
現国旗制定年	1992年1月28日

国の成り立ちと国旗のいわれ

＜国の成り立ち＞16世紀以来ヨーロッパの穀倉地帯として知られている。18世紀後半にはロシア帝国の支配下に入り、1922年にソビエト連邦に加盟、1991年に独立し、独立国家共同体（CIS）の創立メンバーの一員となった。

＜国旗のいわれ＞青と黄色は長い間ウクライナ人のシンボルとして使われている。青は空を、黄色はステップ（草原）に豊かに実る小麦を表す。

国名の現地公用語での表記

ウクライナ語　Україна

ウズベキスタン共和国
Republic of Uzbekistan

国名コード	UZB
首都の位置	北緯41.16／東経69.13

現国旗の縦横の比率 1：2

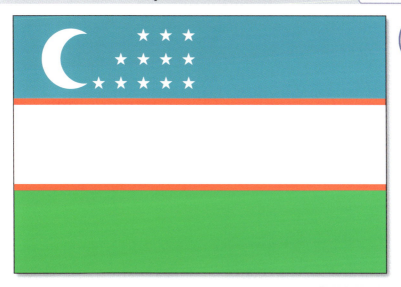

国の成り立ちと国旗のいわれ

＜国の成り立ち＞古代よりオアシス都市が栄え東西交易路シルクロードの交易地となった。紀元前4世紀アレクサンドロス大王により制圧。13世紀にはモンゴル帝国に支配される。14世紀後半から15世紀には、ティムール帝国が成立。19世紀にはロシア帝国に征服され、ソ連邦下の共和国となった。1991年のソ連邦崩壊によりウズベキスタン共和国として独立。

＜国旗のいわれ＞空色の帯は青天と水、白は平和と純粋さ、緑は自然を表している。赤の細い帯は生命力を象徴している。三日月はイスラム教を示し、12個の星は、1年が12カ月であること、十二宮を表している。

独立年	1991年にソ連邦から独立
首都	タシケント
面積	44万7,400km²（日本の約1.2倍）
人口	2,940万人（2015年）
主な言語	ウズベク語（公用語）、ロシア語
宗教	イスラム教（スンニ派）
政体	共和制
民族	ウズベク系（78.4%）、ロシア系（4.6%）、タジク系（4.8%）、タタール系（1.2%）
主要な通貨	スム（UZS）
主な対日輸出品	金、綿織物等
日本との国交	あり
現国旗制定年	1991年11月18日

国名の現地公用語での表記

ウズベク語　O'zbekiston Respublikasi

107

カザフスタン共和国
Republic of Kazakhstan

国名コード	KAZ
首都の位置	北緯51.10：東経71.30
現国旗の縦横の比率	1：2

独立年	1991年にソ連邦から独立
首都	アスタナ
面積	272万4,900k㎡（日本の7倍）
人口	1,660万人（2014年）
主な言語	カザフ語（国語）、ロシア語（公用語）
宗教	イスラム教（70.2%）、ロシア正教（26.3%）等
政体	共和制
民族	カザフ系（65.52%）、ロシア系（21.47%）、ウズベク系（3.04%）、ウクライナ系（1.76%）、ウイグル系（1.44%）、タタール系（1.18%）、ドイツ系（1.06%）、その他（4.53%）
主要な通貨	テンゲ（KZT）
主な対日輸出品	合金鉄
日本との国交	あり
現国旗制定年	1992年6月4日

国の成り立ちと国旗のいわれ

＜国の成り立ち＞15世紀末、カザフ人の祖先がこの地に侵入し16世紀初めまでにカザフ民族が形成された。17世紀からは3部族に分かれて草原に居住していたが、1860年にロシア帝国に併合される。1936年にはソ連邦を構成するカザフ・ソヴィエト社会主義共和国となる。ソ連崩壊にともない1991年に独立した。

＜国旗のいわれ＞青は空と自由、黄色は希望を表す。33本の光を放つ太陽は気高い理想、翼を広げる鷲はカザフスタン人の誇りを示す。また、旗竿側に伝統的なイスラム教独特の幾何学文様が描かれている。

国名の現地公用語での表記

カザフ語
Қазақстан Республикасы

ロシア語
Республика Казахстан

キルギス共和国
Kyrgyz Republic

国名コード　KGZ
首都の位置　北緯42.52；東経74.35

現国旗の縦横の比率　3：5

国の成り立ちと国旗のいわれ

＜国の成り立ち＞16世紀ごろキルギス民族が現在のキルギス共和国の領域へ移住。1863年にはロシア帝国に併合され、1936年からはソ連邦を構成するキルギス・ソヴィエト社会主義共和国となった。1990年国名をキルギスタン共和国に改名。1991年に独立。1993年に現国名に。

＜国旗のいわれ＞赤は勇気を、太陽は永遠を表す。太陽の中に描かれたシンボルは、キルギス人などの遊牧民が使う伝統的なテント式の家屋（キルギスではユルトと呼ぶ）を真上から見たもの。民族の歴史や祖国を象徴している。このユルトは中央アジアでは広く用いられるシンボルで、カザフスタンの国章にも使われている。

独立年	1991年にソ連邦から独立
首都	ビシュケク
面積	19万8,500km²（日本の約2分の1）
人口	560万人（2014年）
主な言語	キルギス語（国語）、ロシア語（公用語）
宗教	イスラム教（スンニ派75％）、ロシア正教（20％）、その他（5％）
政体	共和制
民族	キルギス系（72.6％）、ウズベク系（14.5％）、ロシア系（6.4％）、ドウンガン系（1.1％）、タジク系（0.9％）、その他ウイグル系、タタール系、ウクライナ系等
主要な通貨	ソム（KGS）
主な対日輸出品	アルミニウム及び同合金
日本との国交	あり
現国旗制定年	1992年3月3日

国名の現地公用語での表記

キルギス語
Кыргыз Республикасы

ロシア語
Киргизская Республика

国名コード	GEO
首都の位置	北緯41.43：東経44.48

ジョージア（旧名称グルジア）

Georgia

現国旗の縦横の比率 2：3

独立年	1991年にソ連邦から独立
首都	トビリシ
面積	6万9,700km²（日本の約5分の1）
人口	430万人（2014年）
主な言語	ジョージア語（公用語）（コーカサス諸語に属する）
宗教	キリスト教（グルジア正教）
政体	共和制
民族	グルジア系（83.8%）、アゼルバイジャン系（6.5%）、アルメニア系（5.7%）、ロシア系（1.5%）、オセチア系（0.9%）
主要な通貨	ラリ（GEL）
主な対日輸出品	化学製品等
日本との国交	あり
現国旗制定年	2004年1月14日

国の成り立ちと国旗のいわれ

<国の成り立ち>古来、交通の要衝で、モンゴル帝国、オスマン帝国、サファヴィー朝ペルシア、ロシア帝国など他民族に何度も支配されてきた。1801年にロシア帝国に併合されると、1922年にソ連邦に加盟。1991年に独立。

<国旗のいわれ>中世のグルジア王国で使われていた旗が原型。赤い十字はエルサレム十字と呼ばれ、十字軍に由来している。

国名の現地公用語での表記

グルジア語　საქართველო

タジキスタン共和国
Republic of Tajikistan

国名コード	TJK

首都の位置
北緯38.38：東経68.51

現国旗の縦横の比率 1：2

アジア / NIS諸国

国の成り立ちと国旗のいわれ

＜国の成り立ち＞紀元前4世紀アレクサンドロス大王により制圧。13世紀以降、モンゴル帝国、ティムール帝国、ブハラ・ハン国、コーカンド・ハン国等さまざまな国の支配下に入った。19世紀にはロシア帝国に併合されるが、1924年にタジク自治ソヴィエト社会主義共和国が成立。1991年に現在の国名となり独立を果たす。

＜国旗のいわれ＞赤と緑に比べて白の幅が長い旗。赤は国家統合、白は主要産業の綿、緑は自然を表している。中央の王冠と星は、国の主権と隣国との友好関係を示す。

独立年	1991年にソ連邦から独立
首都	ドゥシャンベ
面積	14万3,100km²（日本の約40％）
人口	840万人（2014年）
主な言語	タジク語（公用語）、ロシア語
宗教	イスラム教（スンニ派）
政体	共和制
民族	タジク系（84.3％）、ウズベク系（12.2％）、キルギス系（0.8％）、ロシア系（0.5％）、その他（2.2％）
主要な通貨	ソモニ（TJS）
主な対日輸出品	非鉄金属等
日本との国交	あり
現国旗制定年	1992年11月24日

国名の現地公用語での表記
タジク語
Чумхурии Точикистон

国名コード	TKM
首都の位置	北緯37.58：東経58.24

トルクメニスタン
Turkmenistan

現国旗の縦横の比率 2：3

独立年	1991年にソ連邦から独立
首都	アシガバット
面積	48万8,000km²（日本の約1.3倍）
人口	530万人（2014年）
主な言語	トルクメン語（公用語）、ロシア語
宗教	イスラム教（スンニ派）
政体	共和制
民族	トルクメン系（81%）、ウズベク系（9%）、ロシア系（3.5%）、カザフ系（1.9%）、その他タタール系等
主要な通貨	マナト（TMT）
主な対日輸出品	美術品・収集品及び骨董
日本との国交	あり
現国旗制定年	2001年1月24日

国の成り立ちと国旗のいわれ

＜国の成り立ち＞14世紀から16世紀にかけてトルクメン諸部族の形成が進む。1885年にロシア帝国がトルクメン諸部族のほとんどを支配下に入れる。1924年にトルクメン・ソビエト社会主義共和国が成立する。その後、ソ連邦の崩壊により、1991年に独立を果たした。1995年に永世中立国となる。

＜国旗のいわれ＞緑の地色と三日月と星は、イスラム系のシンボル。5つの星は、トルクメニスタンの5つの州を表す。旗竿側に描かれる絨毯模様は、トルクメン人の5つの代表的な部族の文様。その下のオリーブは、永世中立国であることを示すために1997年に付け加えられた。

国名の現地公用語での表記

トルクメン語　Türkmenistan

ベラルーシ共和国

Republic of Belarus

国名コード	BLR
首都の位置	北緯53.54：東経27.33

国旗の縦横の比率 1：2

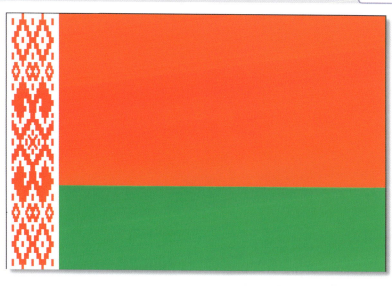

国の成り立ちと国旗のいわれ

＜国の成り立ち＞12世紀から13世紀前半に10前後の公国が存在。13世紀までに公国のすべてがリトアニア大公国に併合される。その後ポーランド領となるが、18世紀末のポーランド分割によりロシア領となる。1919年に白ロシア・ソビエト社会主義共和国が成立。1921年のポーランド・ソビエト戦争の結果、白ロシアの東半分がソ連領、西半分はポーランド領となる。1939年にはその西半分もソ連領となる。1991年に独立。

＜国旗のいわれ＞赤はベラルーシの歴史、緑は明るい未来と国土の自然を表す。旗竿側の装飾模様は伝統的な織物に使用される装飾文様。ベラルーシがソ連邦の一員だった1951年に制定された旗のデザインの改訂版。鎌とハンマーと星が除かれ、装飾文様も地の色と模様の色が逆になっている。

独立年	1991年にソ連邦から独立
首都	ミンスク
面積	20万7,600km²（日本の約50％）
人口	約949万人（2015年）
主な言語	ベラルーシ語（公用語）、ロシア語
宗教	ロシア正教（84％）、カトリック（7％）、その他（3％）、無宗教（6％）
政体	共和制
民族	ベラルーシ人（83.7％）、ロシア人（8.3％）、ポーランド人（3.1％）、ウクライナ人（1.7％）
主要な通貨	ベラルーシ・ルーブル（BYR）
主な対日輸出品	粉乳、レーザー機器、繊維
日本との国交	あり
現国旗制定年	1995年6月7日

国名の現地公用語での表記

ベラルーシ語
Рэспу́бліка Белару́сь

国名コード MDA

モルドバ共和国
Republic of Moldova

首都の位置 北緯47.00：東経28.50

現国旗の縦横の比率 1：2

独立年	1991年にソ連邦から独立
首都	キシニョフ（モルドバ語でキシナウ）
面積	3万3,843km²（九州よりやや小さい）
人口	約291万人（2014年）
主な言語	モルドバ（ルーマニア）語（公用語）、ロシア語
宗教	キリスト教（正教）
政体	共和制
民族	モルドバ（ルーマニア系）人（78.4％）、ウクライナ人（8.4％）、ロシア人（5.8％）、ガガウス（トルコ系）人（4.4％）等
主要な通貨	レウ（MDL）
主な対日輸出品	衣類、食料品
日本との国交	あり
現国旗制定年	1990年5月12日

国の成り立ちと国旗のいわれ

＜国の成り立ち＞14世紀にモルダヴィア公国が成立。以降、トルコとロシア、ルーマニアの間で領土の占領や併合が繰り返されてきた。1940年モルダヴィア・ソヴィエト社会主義共和国が建国され、ソ連邦の一部となる。1991年にソ連邦から独立。言語的にも文化的にもルーマニアに近い。

＜国旗のいわれ＞青は過去と民主主義、黄色は現在と伝統、赤は未来と平等を表している。また、鷲は国章でもあり、盾に描かれている牛の頭や三日月などはモルダヴィア公国の伝統的な紋章に由来している。国旗には裏表があり、裏面は、赤と青の帯の位置が逆で、鷲の向きも逆になっている。

国名の現地公用語での表記

モルドバ語　Republica Moldova

ロシア連邦
Russian Federation

国名コード	RUS
首都の位置	北緯55.45：東経37.37

現国旗の縦横の比率 2：3

国の成り立ちと国旗のいわれ

＜国の成り立ち＞ ユーラシア大陸北部の世界最大の面積をもつ国。1613年にロマノフ朝が成立したころから帝国の発展が始まる。18世紀前半、ピョートル1世が急速な近代化を進めて、ロシア帝国の基盤を築いた。しかし、1917年のロシア革命でロマノフ朝が倒され、1922年に共産党一党独裁のソビエト連邦が建国された。1991年にはソビエト連邦も崩壊し、ロシア連邦が成立した。

＜国旗のいわれ＞ 白は高貴と率直さ、青は名誉と純粋さ、赤は勇気と寛大さを表す。この3色は汎スラブ色として、多くのスラブ系諸国に用いられている。

独立年	1991年にロシア連邦誕生
首都	モスクワ
面積	約1,707万km²（日本の45倍）
人口	1億4,306万人（2012年）
主な言語	ロシア語
宗教	ロシア正教、イスラム教、仏教、ユダヤ教等
政体	共和制、連邦制（共和国や州等83の構成主体からなる連邦国家）
民族	ロシア人（80％）、その他182の民族が存在。
主要な通貨	ルーブル（RUB）
主な対日輸出品	石油、石炭、重油
日本との国交	あり
現国旗制定年	1993年12月11日

国名の現地公用語での表記

ロシア語

Российская Федерация

115

アフリカ

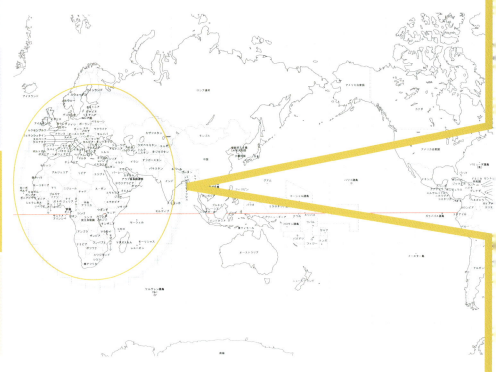

国名コード DZA
首都の位置 北緯36.46：東経3.03

アルジェリア民主人民共和国
People's Democratic Republic of Algeria

現国旗の縦横の比率 2：3

独立年	1962年にフランスから独立
首都	アルジェ
面積	238万km²（アフリカ第1位）
人口	3,780万人（2013年）
主な言語	アラビア語（国語、公用語）、ベルベル語（国語）、フランス語
宗教	イスラム教（スンニ派）
政体	共和制
民族	アラブ人（80％）、ベルベル人（19％）、その他（1％）
主要な通貨	アルジェリアン・ディナール（DZD）
主な対日輸出品	液化ガス、原油、石油製品等
日本との国交	あり
現国旗制定年	1962年7月3日

国の成り立ちと国旗のいわれ

＜国の成り立ち＞7世紀ごろ、アラブ人が侵入し、16世紀にはオスマン帝国の支配下に入る。1830年にはフランスが占領。第二次世界大戦が終結すると独立運動が激化、1954年にはフランスからの独立を求めるアルジェリア戦争が勃発。1962年にアルジェリア民主人民共和国として独立した。

＜国旗のいわれ＞白は純潔、緑はイスラム教、赤は自由を表している。三日月と星はイスラム教のシンボル。独立してすぐに、アルジェリア政府は各国語でこの国旗を説明したパンフレットを作成した。そのパンフレットでは赤と緑の色が光学上の波長で詳しく規定されている。このような規定は他に類がない。また、三日月の形や星との位置関係など、幾何学的作図法が細部にわたって規定されている。

国名の現地公用語での表記
アラビア語

الجمهورية الجزائرية الديمقراطية الشعبية

アンゴラ共和国
Republic of Angola

国名コード AGO
首都の位置
南緯8.50：東経13.20

現国旗縦横の比率
2：3

国の成り立ちと国旗のいわれ

＜国の成り立ち＞ 15世紀後半にポルトガル人が渡来。南米や西インド諸島への奴隷貿易を行った。第二次世界大戦後には独立の機運が高まり、1961年にはポルトガルとの間にアンゴラ独立戦争が勃発。1975年に独立を果たした。1975年から2002年まで内戦が続いたが、その後は石油やダイヤモンドなどの輸出で急速に経済発展している。しかし、世界一ともいわれる敷設地雷の問題など課題も多く残されている。

＜国旗のいわれ＞ 黒はアフリカ大陸、赤は独立戦争で流された血、黄色は豊かな資源を表す。また、星は社会主義を、鉈は農民を、歯車は労働者を示す。2003年に新しい国旗が提案されたが、まだ承認されていない。

独立年	1975年にポルトガルから独立
首都	ルアンダ
面積	124万7,000km²（日本の約3.3倍）
人口	2,214万人（2014年）
主な言語	ポルトガル語（公用語）、その他ウンブンドゥ語等
宗教	在来宗教（47%）、カトリック（38%）、プロテスタント（15%）
政体	共和制
民族	オヴィンブンドゥ族（37%）、キンブンドゥ族（25%）、バコンゴ族（15%）等
主要な通貨	クワンザ（ANG）
主な対日輸出品	原油
日本との国交	あり
現国旗制定年	1975年11月11日

国名の現地公用語での表記

ポルトガル語　República de Angola

国名コード	UGA
首都の位置	北緯0.19：東経32.35

ウガンダ共和国

Republic of Uganda

現国旗の縦横の比率 2：3

独立年	1962年にイギリスから独立
首都	カンパラ
面積	24万1,000km²（ほぼ本州大）
人口	3,758万人（2013年）
主な言語	英語、スワヒリ語、ルガンダ語
宗教	キリスト教（60％）、伝統宗教（30％）、イスラム教（10％）
政体	共和制
民族	バガンダ族、ランゴ族、アチョリ族等
主要な通貨	ウガンダ・シリング（UGX）
主な対日輸出品	ごま、魚介類、コバルト
日本との国交	あり
現国旗制定年	1962年10月9日

国の成り立ちと国旗のいわれ

＜国の成り立ち＞ビクトリア湖をはじめ多くの湖があり、湖沼の総面積は国土の約20％を占める。かつてチャーチルに「アフリカの真珠」と呼ばれたほど、緑あふれる自然が広がる。19世紀末にイギリスの保護領となるが、1962年にイギリス連邦の自治国として独立。

＜国旗のいわれ＞黒は国民、黄色は太陽、赤はアフリカ人の同胞愛や民族愛を象徴している。中央のホオジロカンムリヅルは国鳥で、ウガンダの歴代諸王朝がこの鳥を一度もシンボルとして使ったことがないことから、その中立性をかわれて使用されている。

国名の現地公用語での表記

スワヒリ語　　Jamhuri ya Uganda

エジプト・アラブ共和国
Arab Republic of Egypt

国名コード	EGY
首都の位置	北緯30.03：東経31.14

現国旗 縦横の比率 2：3

国の成り立ちと国旗のいわれ

＜国の成り立ち＞世界4大文明発祥の地。ローマ帝国、東ローマ帝国、イスラムの諸王朝、オスマン帝国領になり、その後もヨーロッパ列強に支配された。1882年にイギリスの保護領となるが、1922年に独立。1952年に共和制へ移行した。

＜国旗のいわれ＞赤は革命、白は明るい未来、黒は暗い過去を表す。この3色は、第一次世界大戦時のオスマン帝国に対するアラブ反乱で使用された旗と同じ色で、汎アラブ色と呼ばれる。中央には国章のサラディンの鷲が描かれている。

独立年	1922年にイギリスから独立
首都	カイロ
面積	約100万km²（日本の約2.6倍）
人口	9,000万人（2015年）
主な言語	アラビア語、都市部は英語も通用
宗教	イスラム教 キリスト教（コプト教）
政体	立憲共和制
民族	アラブ人
主要な通貨	エジプト・ポンド（EGP）
主な対日輸出品	天然ガス・石油，石油関連製品 繊維類等
日本との国交	あり
現国旗制定年	1984年10月4日

国名の現地公用語での表記

アラビア語　جمهورية مصر العربية

国名コード	ETH
首都の位置	北緯9.01：東経38.45

エチオピア連邦民主共和国
Federal Democratic Republic of Ethiopia

現国旗の縦横の比率　1：2

独立年	1137年頃にエチオピア帝国誕生
首都	アディスアベバ
面積	109万7,000㎢（日本の約3倍）
人口	約9,696万人（2014年）
主な言語	アムハラ語、英語
宗教	キリスト教、イスラム教他
政体	連邦共和制
民族	オロモ族、アムハラ族、ティグライ族等約80の民族
主要な通貨	ブル（ETB）
主な対日輸出品	コーヒー、原皮等
日本との国交	あり
現国旗制定年	2009年8月28日

国の成り立ちと国旗のいわれ

＜国の成り立ち＞アフリカ最古の独立国。ソロモン王（古代イスラエルの王）とシバの女王の血筋を受け継ぐ国とする伝説もある。19世紀末に2度イタリアの侵略を受け、1936年イタリアに併合されたが1941年独立を回復。1962年にエリトリアを併合。1993年にはエリトリアが独立するものの、国境紛争が勃発し、2002年にようやく国境線が確定した。

＜国旗のいわれ＞緑は大地と労働、黄色は平和と希望、赤は国土防衛のために流された血を象徴する。この3色は汎アフリカ色とよばれ、中央に描かれた五芒星は国章で、旧エチオピアの皇族の先祖だとされるソロモン王の紋章が起源とされている。今日では、五芒星は人々の結束とエチオピアの愛国心を表す。

国名の現地公用語での表記

アムハラ語　የኢትዮጵያ ፌደራላዊ ዲሞክራሲያዊ ሪፐብሊክ

エリトリア国
State of Eritrea

国名コード　ERI
首都の位置
北緯15.2：東経38.58

現国旗の縦横の比率
1：2

国の成り立ちと国旗のいわれ

＜国の成り立ち＞19世紀後半にイタリアの植民地となるが、その後イギリスの保護領を経て、1952年にエチオピアと連邦国家を形成する。しかし、1962年にエチオピアが連邦離脱を決議したエリトリアを強引に併合すると、国民の反発が高まり、エリトリア独立戦争が勃発。1993年に独立。
＜国旗のいわれ＞緑は肥沃な国土や農業、青は海、黄色は鉱物資源、赤は独立闘争で流された血を表す。また、中央のオリーブは独立闘争の勝利と明るい未来の希望を示している

独立年	1993年にエチオピアから独立
首都	アスマラ
面積	11万7,600km² （北海道と九州を合わせた大きさ）
人口	511万人（2014年）
主な言語	ティグリニャ語、アラビア語、諸民族語
宗教	キリスト教、イスラム教他
政体	一党制
民族	ティグライ族、アファール族等9民族
主要な通貨	ナクファ（ERN）
主な対日輸出品	魚介類
日本との国交	あり
現国旗制定年	1995年12月5日

国名の現地公用語での表記
ティグリニャ語　ሃገረ ኤርትራ
アラビア語　　　دولة إريتريا

国名コード	GHA
首都の位置	北緯5.33：西経0.12

ガーナ共和国

Republic of Ghana

現国旗の縦横の比率 2：3

独立年	1957年にイギリスから独立
首都	アクラ
面積	23万8,537km²（日本の約3分の2）
人口	2,679万人（2014年）
主な言語	英語（公用語）、各民族語
宗教	国民の約半数がキリスト教徒、イスラム教約15%、その他伝統的宗教
政体	共和制
民族	アカン族、ガ族、エベ族、ダゴンバ族、マンプルシ族他
主要な通貨	ガーナ・セディ（GHC）
主な対日輸出品	カカオ豆、マンガン鉱、軟体動物（いか、たこ等）
日本との国交	あり
現国旗制定年	1966年2月28日

国の成り立ちと国旗のいわれ

＜国の成り立ち＞脱植民地化時代のサハラ以南のアフリカで、初めて現地人が中心となってヨーロッパの宗主国から独立した国。15世紀にポルトガル人が到来し、奴隷貿易の拠点とした。その後、金が産出されると「黄金海岸（ゴールドコースト）」と呼ばれる。20世紀初頭には「英領ゴールドコースト」としてイギリスの植民地となったが、1957年に独立。1960年に共和制へ移行。初代大統領のエンクルマは、アフリカ独立運動の父とよばれている。

＜国旗のいわれ＞赤は独立闘争で流された血、黄色は国の鉱物資源と、緑は森林と農地、中央の黒い星はアフリカの自由と統一を表す。ガーナの独立はサハラ以南のアフリカ諸国で最初に達成されたため、その後独立した多くの国の国旗に影響を与えた。

国名の現地公用語での表記

英語　　Republic of Ghana

カーボヴェルデ共和国
Republic of Cape Verde

国名コード　CPV
首都の位置
北緯14.55：西経23.31

現国旗の縦横の比率　10：17

国の成り立ちと国旗のいわれ

＜国の成り立ち＞大西洋の北、アフリカ大陸の西の沖合に位置し大小15の島からなる。かつては無人島だったが、15世紀にポルトガル人が来航して植民地とし、16世紀には奴隷貿易で栄えた。1975年に独立。

＜国旗のいわれ＞10個の星は主要な島々を、青は大西洋と空を、白は平和を、赤は国民の努力を表す。青と白はかつてのポルトガル国旗、赤・白・青はアメリカ国旗の配色で、両国との緊密な関係を表している。今日、カーボベルデ本国の人口よりも多くのカーボベルデ人が外国で生活しており、なかでもアメリカとポルトガルには大きなコミュニティがある。

独立年	1975年にポルトガルから独立
首都	プライア
面積	4,033km²（滋賀県とほぼ同じ）
人口	52万7,000人（2011年）
主な言語	ポルトガル語（公用語）、クレオール語
宗教	キリスト教（カトリック）
政体	共和制
民族	ポルトガル人とアフリカ人の混血が約70％
主要な通貨	カーボヴェルデ・エスクード（CVE）
主な対日輸出品	衣類
日本との国交	あり
現国旗制定年	1992年9月22日

国名の現地公用語での表記

ポルトガル語　República de Cabo Verde

ガボン共和国
Gabonese Republic

国名コード GAB
首都の位置 北緯0.30：東経9.25

現国旗の縦横の比率 3：4

独立年	1960年にフランスから独立
首都	リーブルビル
面積	26万7,667km²（日本の約3分の2）
人口	170万人（2013年）
主な言語	フランス語（公用語）
宗教	キリスト教、伝統的宗教、イスラム教
政体	共和制
民族	ファン族、プヌ族、ミエネ族、テケ族、コタ族
主要な通貨	CFAフラン（XAF）
主な対日輸出品	マンガン鉱、木材、機械部品等
日本との国交	あり
現国旗制定年	1960年8月9日

国の成り立ちと国旗のいわれ

＜国の成り立ち＞中部アフリカ、ギニア湾に面する赤道直下の国。15世紀末にポルトガル人が渡来し、奴隷貿易を行った。1885年にはフランスが占領。1910年にフランス領赤道アフリカの一部となったが、1960年に独立。産油国として国民所得が中進国レベルにある。

＜国旗のいわれ＞緑は森林、黄色は太陽と赤道、青は大西洋を表す。国旗のデザインは、この国で数十年医療活動を続けたシュバイツァー博士の著書「水と原生林の間で」からヒントを得たと言われている。

国名の現 国名の現地公用語での表記

フランス語　République Gabonaise

カメルーン共和国

Republic of Cameroon

国名コード　CMR
首都の位置
北緯3.51：東経11.31

現国旗の縦横の比率　2：3

国の成り立ちと国旗のいわれ

＜国の成り立ち＞1884年にドイツの保護領となるが、1918年のヴェルサイユ条約の規定により1922年にはフランスとイギリスによって東西に分割。西部がイギリスの「西カメルーン」、東部がフランスの「東カメルーン」として委任統治領となる。1960年に東カメルーンが独立。1961年には西カメルーンも独立したが、北部がナイジェリアと合併、南部が東カメルーンと連邦を結成する。1972年連邦制を廃止し、国名をカメルーン連合共和国へ変更した。1984年に現国名に改称している。

＜国旗のいわれ＞汎アフリカ色の国旗。緑は南部の森林地帯を、黄色は輝く太陽と北部のサバンナを、中央の赤は東西の団結を、星は栄光を象徴する。

独立年	1960年にフランスから独立
首都	ヤウンデ
面積	47万5,440km²（日本の約1.26倍）
人口	2,225万人（2013年）
主な言語	フランス語、英語（共に公用語）、その他各部族語
宗教	カトリック、プロテスタント、イスラム教、その他伝統宗教
政体	共和制
民族	ドゥアラ族、バミレケ族、バムン族、フルベ族他
主要な通貨	CFAフラン（XAF）
主な対日輸出品	木材、コルク、実綿
日本との国交	あり
現国旗制定年	1975年5月20日

国名の現地公用語での表記

フランス語　République du Cameroun

ガンビア共和国
Republic of The Gambia

国名コード　GMB
首都の位置　北緯13.27：西経16.34

現国旗 縦横の比率 2：3

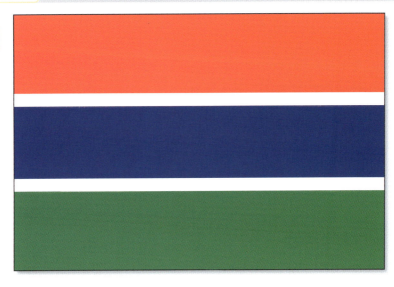

独立年	1965年にイギリスから独立
首都	バンジュール
面積	1万1,300㎢（岐阜県とほぼ同じ）
人口	193万人（2014年）
主な言語	英語（公用語）、マンディンゴ語、ウォロフ語等
宗教	イスラム教（90％）、キリスト教・伝統的宗教（10％）
政体	共和制
民族	マンディンゴ族、フラ族、ウォロフ族、ジョラ族、セラフリ族
主要な通貨	ダラシ（GMD）
主な対日輸出品	銀製の細工品・その部品
日本との国交	あり
現国旗制定年	1965年2月18日

国の成り立ちと国旗のいわれ

＜国の成り立ち＞小説『ルーツ』のモデル国。アフリカ大陸最小の国。国土のうち1300㎢をしめるガンビア川に沿って東西に細長い形をした国で、最大幅は48kmしかない。1783年にイギリスの植民地となる。1963年自治権を獲得。1965年に独立し、1970には共和制へ移行。1982年に隣国セネガルとの間でセネガンビア国家連合を成立させたが、1989年に解体している。

＜国旗のいわれ＞赤は太陽と周辺諸国との友好を、青はガンビア川を、緑は森と農業を、白は平和を示す。

国名の現地公用語での表記

英語　　Republic of The Gambia

ギニア共和国

Republic of Guinea

国名コード	GIN
首都の位置	北緯9.31：西経13.43

現国旗の縦横の比率 2：3

国の成り立ちと国旗のいわれ

＜国の成り立ち＞ 1890年代にフランスに植民地化される。1895年にフランス領西アフリカに併合する。しかし1958年にギニア共和国として独立。1978年にギニア人民革命共和国と改称するが、1984年に再度現在の国名へ変更された。

＜国旗のいわれ＞ 汎アフリカ色を使用した3色旗。赤は労働と独立のために流された血を、黄色は正義と地下資源を、緑は農業と団結を表し、この3色で国の標語の「労働・正義・団結」も示している。

独立年	1958年にフランスから独立
首都	コナクリ
面積	24万5,857km²（本州とほぼ同じ）
人口	1,170万人（2013年）
主な言語	フランス語、各民族語（マリンケ、プル、スースー等）
宗教	イスラム教、伝統的宗教、キリスト教
政体	共和制
民族	マリンケ族、プル族、スースー族等
主要な通貨	ギニア・フラン（GNF）
主な対日輸出品	水産物、ダイヤモンド、打楽器
日本との国交	あり
現国旗制定年	1958年11月10日

国名の現地公用語での表記

フランス語　**République de Guinée**

国名コード GNB

国の位置
北緯11.52：西経15.35

ギニアビサウ共和国
Republic of Guinea-Bissau

現国旗の縦横の比率
1：2

独立年	1973年にポルトガルから独立
首都	ビサウ
面積	3万6,125km²（九州とほぼ同じ）
人口	166万人（2012年）
主な言語	ポルトガル語（公用語）
宗教	原始宗教、イスラム教、キリスト教
政体	共和制
民族	バランタ族、フラ族、マンジャカ族、マンディンカ族、パペウ族等
主要な通貨	CFAフラン（XAF）
主な対日輸出品	魚介類
日本との国交	あり
現国旗制定年	1973年9月24日

国の成り立ちと国旗のいわれ

＜国の成り立ち＞15世紀にポルトガルの植民地となり、大西洋上のカーボヴェルデ諸島とともに奴隷貿易の中継地となった。1973年にポルトガルから独立。

＜国旗のいわれ＞汎アフリカ色と黒い星のデザインは、もとは独立運動の中心になったギニア・カーボヴェルデ独立アフリカ党の党旗だった。そのため、一時は国家併合をめざしていたカーボヴェルデもよく似た国旗を採用していたが、関係悪化にともない国旗を変更。赤は独立のために流された血を、黄色は地下資源や太陽を、緑は農産物や希望を、黒い星はアフリカ人の自由と尊厳を表すとされているが、ギニアビザウでは、赤は首都のある沿岸地方を、青は北部のサバンナ地帯を、緑は南部の森林地帯を、黒い星は首都ビサウの位置を示す。

国名の現地公用語での表記

ポルトガル語　República da Guiné-Bissau

ケニア共和国
Republic of Kenya

国名コード　KEN
首都の位置　北緯1.17：東経36.49

現国旗の縦横の比率　1：2

国の成り立ちと国旗のいわれ

＜国の成り立ち＞1902年イギリスの保護領となり、1920年にイギリスの植民地となる。1944年にキクユ青年協会設立、1946年にケニア・アフリカ学生同盟設立。1963年に独立。1964年に共和国となる。

＜国旗のいわれ＞黒は国民、赤は独立ために流された血、緑は豊かな自然と農業、白は平和を表す。中央は自由を求めた闘争のシンボルとして先住民族のマサイ族の盾と槍が描かれている。

独立年	1963年にイギリスから独立
首都	ナイロビ
面積	58万3,000km²（日本の約1.5倍）
人口	4,486万人（2014年）
主な言語	スワヒリ語、英語
宗教	伝統宗教、キリスト教、イスラム教
政体	共和制
民族	キクユ族、ルヒヤ族、カレンジン族、ルオ族等
主要な通貨	ケニア・シリング（KES）
主な対日輸出品	切り花、コーヒー豆、魚切身
日本との国交	あり
現国旗制定年	1963年12月12日

アフリカ

国名の現地公用語での表記

スワヒリ語　Jamhuri ya Kenya

国名コード	CIV
首都の位置	北緯6.49：西経5.17

コートジボワール共和国
Republic of Cote d'Ivoire

現国旗の縦横の比率 2：3

独立年	1960年にフランスから独立
首都	ヤムスクロ
面積	32万2,436km²（日本の約0.9倍）
人口	2,060万人（2012年）
主な言語	フランス語
宗教	イスラム教（30%）、キリスト教（10%）、伝統宗教（60%）
政体	共和制
民族	セヌフォ族、バウレ族、グロ族、グン族、アチェ族、ベテ族、ゲレ族
主要な通貨	CFAフラン（XAF）
主な対日輸出品	カカオ脂、カカオ豆、ココアペースト等
日本との国交	あり
現国旗制定年	1959年12月3日

国の成り立ちと国旗のいわれ

＜国の成り立ち＞コートジボワールはフランス語で象牙海岸を意味する。14世紀以前は、グリシャボ、ベチェ、アンデニュ等の王国が混在する。15世紀にヨーロッパの貿易船が奴隷と象牙の売買に来航。1893年にフランスの植民地となり、1960年に独立。2002年に政府軍と反政府勢力のあいだで国を二分する内戦が勃発。それ以降、政情不安が続いている。

＜国旗のいわれ＞独立の前年に制定。オレンジは国土の北部のサバンナ、白は平和、緑は国土の南半分の森林を表す。この配色はアイルランドと左右を逆にしたもの。

国名の現地公用語での表記

フランス語　République de Côte d'Ivoire

コモロ連合

Union of Comoros

国名コード　COM
首都の位置
南緯11.40：東経43.19

現国旗の縦横の比率
3：5

国の成り立ちと国旗のいわれ

＜国の成り立ち＞アフリカ大陸東部、インド洋の島国。1886年にフランスが保護領とした。1975年に4島のうち3島のグラン・コモロ、モヘリ、アンジュマンがコモロ共和国として独立。残るマイヨット島はフランス領にとどまった。しかし、コモロ政府はいまでもマイヨット島の領有権を主張している。2001年に現国名へ改称し新国旗を制定した。

＜国旗のいわれ＞黄色は太陽とモヘリ島を、白は自由と純粋さとマイヨット島を、赤は独立闘争で流された血とアンジュマン島を、青がインド洋とグラン・コモロ島を表している。三日月と緑は、コモロの主要な宗教であるイスラム教のシンボル。

独立年	1975年にフランスから独立
首都	モロニ
面積	2,236km²（東京都とほぼ同じ）
人口	70万人（2013年）
主な言語	フランス語・アラビア語（公用語）、コモロ語（スワヒリ語に近い）
宗教	イスラム教
政体	共和制
民族	バントゥ系黒人を主流にアラブ系、マダガスカル系、インド系等
主要な通貨	コモロ・フラン（KMF）
主な対日輸出品	イラン・イラン（精油）
日本との国交	あり
現国旗制定年	2002年1月7日

国名の現地公用語での表記

フランス語	Union des Comores
アラビア語	الاتحاد القمر

国名コード	COG
首都の位置	南緯4.14：東経15.14

コンゴ共和国

Republic of Congo

現国旗の縦横の比率 2：3

独立年	1960年にフランスから独立
首都	ブラザビル
面積	34万2,000km²（日本の約0.9倍）
人口	約420万人（2012年）
主な言語	フランス語（公用語）、リンガラ語、キトゥバ語
宗教	伝統的宗教、キリスト教
政体	共和制
民族	コンゴ族、テケ族、ブバンギ族等
主要な通貨	CFAフラン（XAF）
主な対日輸出品	木材、鉱物（銅、コバルト）
日本との国交	あり
現国旗制定年	1991年6月10日

国の成り立ちと国旗のいわれ

＜国の成り立ち＞1885年のベルリン会議によりコンゴの地は、ベルギー領、フランス領、ポルトガル領に3分割され、現在のコンゴ共和国はフランスの植民地となった。1910年にフランス領赤道アフリカ連邦に編入されたが、1960年にコンゴ共和国として独立。1969年社会主義路線をめざす政権が誕生しコンゴ人民共和国と改称。しかし1991年に現国名に戻っている。

＜国旗のいわれ＞伝統的な汎アフリカ色が使われている。緑は平和と農業、黄色は希望と天然資源、赤は独立を表している。社会主義路線をとっていた時代には、ソ連と親密であることを示す紋章をカントンにつけていた。その当時の旗の赤は人民革命を、星は共産諸国との連合を、ハンマーと鋤は労働者と農民を表していた。

国名の現地公用語での表記

フランス語	République du Congo

コンゴ民主共和国
Democratic Republic of the Congo

国名コード　COD
首都の位置
南緯4.19；東経15.19

現国旗の縦横の比率 2：3

国の成り立ちと国旗のいわれ

＜国の成り立ち＞14世紀から15世紀にかけてコンゴ王国が栄えた。1908年にベルギーの植民地となり、1960年に独立。しかしその後、コンゴ動乱がおこるなど政情が不安定となる。1967年に国名をコンゴ民主共和国へ、1971年にはザイール共和国へ改称する。1997年に現国名へ再度改称されたが、いまだにザイールとしても知られている。

＜国旗のいわれ＞水色は平和を、赤は国家のために殉じたものの血を、黄色は国の富を、星は国家の輝かしい未来を象徴している。

独立年	1960年にベルギーから独立
首都	キンシャサ
面積	234万5,000km²
人口	6,780万人（2012年）
主な言語	フランス語（公用語）、キコンゴ語、チルバ語、リンガラ語、スワヒリ語
宗教	カトリックを中心としたキリスト教（85％）、イスラム教（10％）、その他伝統宗教（5％）
政体	共和制
民族	バンツー系、ナイル系等
主要な通貨	コンゴ・フラン（CDF）
主な対日輸出品	木材、金属（コバルト）
日本との国交	あり
現国旗制定年	2006年2月18日

国名の現地公用語での表記
フランス語
République Démocratique du Congo

国名コード	STP
首都の位置	北緯0.20：東経6.44

サントメ・プリンシペ民主共和国
Democratic Republic of Sao Tome and Principe

現国旗の縦横の比率 1：2

独立年	1975年にポルトガルから独立
首都	サントメ
面積	1,001km²（東京都の約半分）
人口	17万人（2011年）
主な言語	ポルトガル語
宗教	キリスト教
政体	共和制
民族	バンツー系及びポルトガル人との混血
主要な通貨	ドブラ（STD）
主な対日輸出品	カカオ豆等
日本との国交	あり
現国旗制定年	1975年11月5日

国の成り立ちと国旗のいわれ

＜国の成り立ち＞西アフリカのギニア湾に浮かぶ島国。火山島のサントメ島とプリンシペ島、その周辺の島々からなる。無人島であったが1470年にポルトガル人が上陸。1522年にポルトガルの植民地になる。サトウキビ栽培のために多くの奴隷がアフリカ本土から連れてこられた。また、奴隷貿易の中継地にもなった。1975年に独立。

＜国旗のいわれ＞汎アフリカ色の赤・黄・緑が使用されている。赤は独立闘争で流された血を、黄色は主力産業のココアを、緑は農業を表し、2つの黒い星はサントメ島とプリンシペ島を示している。1972年から使用しているサントメ・プリンシペ解放運動の旗のデザインがもとになっている。

国名の現地公用語での表記

ポルトガル語

República Democrática de São Tomé e Príncipe

ザンビア共和国

Republic of Zambia

国名コード	ZMB
首都の位置	南緯15.20：東経28.14

国旗の縦横の比率 2：3

国の成り立ちと国旗のいわれ

＜国の成り立ち＞1911年にイギリスの保護領北ローデシアとなり、1924年に植民地化される。1953年北ローデシアは、南ローデシア、ニヤサランドとともにローデシア・ニヤサランド連邦に改編されたが、1963年に解体。1964年に独立。当時北ローデシアとして東京オリンピックに参加していたが、閉会式のその日にザンビアとして独立したため、開会式と閉会式の国名が異なった。世界的な銅の産地だが、価格の下落などで経済は低迷を続けている。

＜国旗のいわれ＞1964年に制定。1996年には緑地が明るい色調に一部改定されている。赤は独立闘争、黒は国民、オレンジは銅、緑は大自然を象徴している。右上の鷲は国鳥で、困難を乗り越える国民の力を示している。

独立年	1964年にイギリスから独立
首都	ルサカ
面積	75万2,614km²（日本の約2倍）
人口	1,502万人（2014年）
主な言語	英語（公用語）、ベンバ語、ニャンジャ語、トンガ語
宗教	キリスト教（80%）、イスラム教、ヒンドゥー教、土着信仰（1%）
政体	共和制
民族	73部族（トンガ系、ニャンジャ系、ベンバ系、ルンダ系）
主要な通貨	ザンビア・クワチャ（ZMK）
主な対日輸出品	たばこ、銅及びその製品、コバルト
日本との国交	あり
現国旗制定年	1964年10月24日

国名の現地公用語での表記

英語	Republic of Zambia

国名コード SLE
首都の位置
北緯8.29：西経13.14

シエラレオネ共和国
Republic of Sierra Leone

現国旗の縦横の比率
2：3

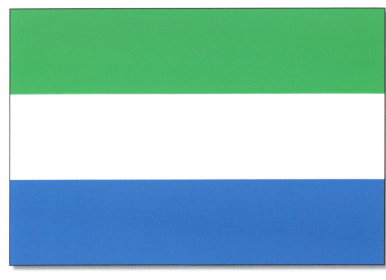

独立年	1961年にイギリスから独立
首都	フリータウン
面積	7万1,740km²（日本の約5分の1）
人口	632万人（2014年）
主な言語	英語（公用語）、クリオ語、メンデ語、テムネ語等
宗教	イスラム教（60％）、キリスト教（10％）、アニミズム信仰（30％）
政体	共和制
民族	メンデ族、テムネ族、リンバ族、クレオール（黒人と白人との混血）等
主要な通貨	レオン（SLL）
主な対日輸出品	非金属鉱物製品等
日本との国交	あり
現国旗制定年	1961年4月27日

国の成り立ちと国旗のいわれ

＜国の成り立ち＞18世紀末に、イギリスなどからの解放奴隷の居住地となる。1808年にはイギリスの植民地となる。1961年に独立。1971年に共和国となった。

＜国旗のいわれ＞汎アフリカ色ではなく、緑・白・青という異例の配色。緑は、農業と天然資源を、白は団結と正義を、青は大西洋と自然の良港であるフリータウンを表し、海洋国としての発展の思いがこめられている。

国名の現地公用語での表記

英語　　Republic of Sierra Leone

ジブチ共和国
Republic of Djibouti

国名コード DJI
首都の位置
北緯12.00：東経42.50

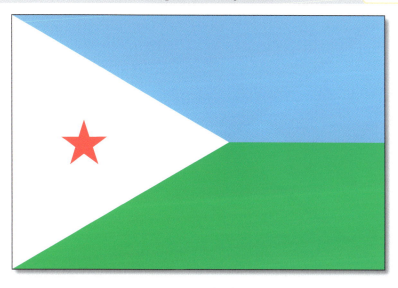

現国旗の縦横の比率
2：3

国の成り立ちと国旗のいわれ

＜国の成り立ち＞1896年にフランス領ソマリランドとしてフランスの植民地となる。第二次世界大戦後、アフリカ諸国の独立は進んだが、フランス領ソマリランドではソマリ系のイッサ族とエチオピア系のアファール族との対立があったため、独立問題は進展せず、フランスの海外県にとどまっていた。1967年にフランス領アファルイッサと改称。その後、1977年に独立している。1990年代以降、隣国エリトリアと国境を巡って紛争がたびたびおこっている。

＜国旗のいわれ＞青はソマリ系のイッサ族を、緑はエチオピア系のアファール族を、白は2部族の統一と団結を、赤い星は国家の独立と統一を象徴している。

独立年	1977年にフランスから独立
首都	ジブチ
面積	2万3,200km²（四国の約1.3倍）
人口	88万人（2013年）
主な言語	アラビア語、フランス語
宗教	イスラム教（94％）
政体	共和制
民族	ソマリア系イッサ族（50％）、エチオピア系アファール族（37％）
主要な通貨	ジブチ・フラン（DJF）
主な対日輸出品	再輸出品（自動車、タイヤ）
日本との国交	あり
現国旗制定年	1977年6月27日

国名の現地公用語での表記

アラビア語　جمهورية جيبوتي
フランス語　République de Djibouti

国名コード	ZWE
首都の位置	南緯17.50：東経31.03

ジンバブエ共和国

Republic of Zimbabwe

現国旗の縦横の比率 1：2

独立年	1965年にイギリスから独立。
首都	ハラレ
面積	38万6,000㎢（日本よりやや大きい）
人口	1,524万人（2014年）
主な言語	英語、ショナ語、ンデベレ語
宗教	キリスト教、土着宗教
政体	共和制
民族	ショナ族、ンデベレ族、白人
主要な通貨	2009年1月に、複数外貨制を導入し、主としてアメリカ・ドル、南アフリカ・ランドを使用。ジンバブエ・ドルの流通は停止
主な対日輸出品	ニッケル、フェロクロム
日本との国交	あり
現国旗制定年	1980年4月18日

国の成り立ちと国旗のいわれ

＜国の成り立ち＞第一次世界大戦後、1923年イギリスの植民地となりイギリス領南ローデシア成立。1953年ローデシア・ニヤサランド連合成立。1960年代から黒人による独立運動が盛んになるが、1965年に白人中心のローデシア共和国が独立を宣言。世界中から非難を浴びるなか、イギリスが調停に入り、1980年に黒人国家としてのジンバブエ共和国が誕生した。

＜国旗のいわれ＞左側に描かれた鳥は、ジンバブエ中央部のグレート・ジンバブエ遺跡で発掘された彫像の鳥で、国家の統合と栄光のシンボル。その背景の赤い星は希望を、白は平和を、緑は農業を、黄色は天然資源を、赤は独立闘争で流された血を、黒はアフリカ先住民の伝統を表している。

国名の現地公用語での表記

英語　　Republic of Zimbabwe

スーダン共和国
The Republic of the Sudan

国名コード	SDN
首都の位置	北緯15.36：東経32.32

現国旗の縦横の比率 1：2

国の成り立ちと国旗のいわれ

＜国の成り立ち＞2011年南スーダン共和国の分離独立前は、アフリカ大陸最大の国土を有する国家だった。現在はアルジェリア、コンゴ民主共和国に次いで3位の面積。19世紀末からイギリスとエジプトに共同統治されたが、1956年に独立。2011年に南スーダンが分離独立している。

＜国旗のいわれ＞汎アラブ色の赤・白・黒・緑が使われている。緑はイスラム教と繁栄、赤は社会主義・進歩・独立、白は平和、黒は国名を意味する黒い人を表している。1969年以前はナイル川を表す青を上にした青・黄・緑の三色旗が使用されていた。これは現在のガボンの国旗の逆の配色。

独立年	1956年にイギリスとエジプトから独立
首都	ハルツーム
面積	188万km²（日本の約5倍）
人口	3,876万人（2014年）
主な言語	アラビア語（公用語）、英語等、部族語多数
宗教	イスラム教、キリスト教、土着宗教
政体	共和制
民族	アラブ人、ヌビア人、ヌバ人、フール人、ベジャ人等
主要な通貨	スーダン・ポンド（SDG）
主な対日輸出品	原油・石油製品、アラビア・ゴム、胡麻
日本との国交	あり
現国旗制定年	1970年5月20日

国名の現地公用語での表記

アラビア語	جمهورية السودان
英語	Republic of the Sudan

国名コード	SWZ
首都の位置	南緯26.19：東経31.08

スワジランド王国
Kingdom of Swaziland

現国旗の縦横の比率 2：3

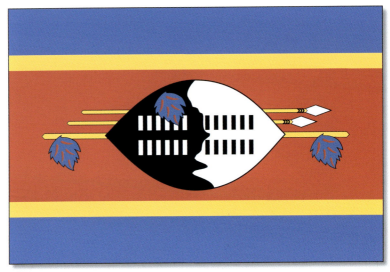

独立年	1968年にイギリスから独立
首都	ムババネ
面積	1万7,000km²（四国よりやや小さい）
人口	127万人（2014年）
主な言語	英語、シスワティ語
宗教	原始宗教、キリスト教
政体	王制
民族	スワジ族、ズールー族、トンガ族、シャンガーン族
主要な通貨	リランゲーニ（SZL）
主な対日輸出品	柑橘類、パルプ、石綿
日本との国交	あり
現国旗制定年	1967年10月30日

国の成り立ちと国旗のいわれ

＜国の成り立ち＞アフリカ南東部の小国。19世紀にバンツー系のスワジ族がスワジ王国を建国。しかし、近隣のズールー族やボーア人の侵略に悩まされ続ける。1906年にからはイギリス高等弁務官領となり、1963年からは自治領。1967年に保護領、1968年に独立。

＜国旗のいわれ＞中央にスワジの伝統的な盾と槍、青い天人鳥の羽根をつけた王の筋が描かれている。主権を侵害する敵とは断固として戦う強い意志を表している。青は現在の平和を、黄色は豊かな資源を、赤は過去のたびかさなる戦を表している。白と黒は、白人と黒人の平和的共存を示している。

国名の現地公用語での表記

シスワティ語　Umbuso weSwatini

セーシェル共和国

Republic of Seychelles

国名コード SYC
首都の位置 南緯4.40：東経55.28

現国旗の縦横の比率 1：2

国の成り立ちと国旗のいわれ

＜国の成り立ち＞インド洋に浮かぶ約100の島々からなる国。「インド洋の真珠」「地上最後の楽園」などと呼ばれる。1756年にフランス領、1814年にはイギリス領となり、1976年に独立。

＜国旗のいわれ＞左下から放射状に5色に塗り分けられた珍しい旗。斜めの帯は、未来に向かう新しい国の力を象徴している。青は空と海、黄色は太陽、赤は国民と労働、白は調和と正義、緑は豊かな大地と自然環境を表している。

独立年	1976年にイギリスから独立
首都	ビクトリア
面積	460km²（種子島よりやや大きい）
人口	9万1,530人（2014年）
主な言語	英語、フランス語、クレオール語
宗教	キリスト教（約90％）
政体	共和制
民族	クレオール（ヨーロッパ人とアフリカ人の混血）が多数
主要な通貨	セーシェル・ルピー（SCR）
主な対日輸出品	冷凍魚
日本との国交	あり
現国旗制定年	1996年6月18日

国名の現地公用語での表記

セーシェル・クレオール語
Repiblik Sesel

フランス語
République des Seychelles

国名コード	GNQ
首都の位置	北緯3.45：東経8.48

赤道ギニア共和国
Republic of Equatorial Guinea

現国旗の縦横の比率 1：2

独立年	1968年にスペインから独立
首都	マラボ
面積	2万8,051km²（四国の約1.5倍）
人口	76万人（2013年）
主な言語	スペイン語（公用語）、フランス語（第2公用語）、ポルトガル語（第3公用語）、ファン語、ブビ語
宗教	キリスト教（99％）、伝統宗教
政体	共和制
民族	ファン族、ブビ族、コンベ族、ベレンゲ族等
主要な通貨	CFAフラン（XAF）
主な対日輸出品	石油、原油等
日本との国交	あり
現国旗制定年	1979年8月21日

国の成り立ちと国旗のいわれ

＜国の成り立ち＞赤道直下のギニア湾に浮かぶ島々とリオムニとよばれる大陸部からなる。国名とはうらはらに、赤道上に国土はない。15世紀後半にポルトガル領になったが、18世紀末にスペインに割譲。以降、奴隷貿易の中継地となった。1964年自治政府樹立。1968年に現国名で独立。

＜国旗のいわれ＞緑は天然資源と農業、白は平和、青は海、赤は独立への苦闘を象徴している。中央の国章には、神の木（マングローブ）と、アフリカ大陸と5つの島を表す6個の星が描かれている。盾の下のリボンにはスペイン語で国の標語である「統一・平和・正義（Unidad Paz Justica）」と記されている。

国名の現地公用語での表記

スペイン語
República de Guinea Ecuatorial
フランス語
République de Guinée Équatoriale
ポルトガル語
República da Guiné Equatorial

セネガル共和国

Republic of Senegal

国名コード	SEN
首都の位置	北緯14.40：東経17.26

現国旗の縦横の比率 2：3

国の成り立ちと国旗のいわれ

＜国の成り立ち＞1815年のウィーン会議でフランスの植民地とされる。1895年フランス領西アフリカに編入される。1958年自治国。1959年フランス領スーダンとマリ連邦結成。1960年マリ連邦としてフランスから独立するが、同年、マリ連邦から分離しセネガル共和国として単独国家になった。首都ダカールは、パリ・ダカール・ラリーの終着点として知られている。

＜国旗のいわれ＞中央の緑の星は自由の象徴で、希望と統一を、緑は農業と希望を、黄色は天然資源を、赤は独立闘争を表している。

独立年	1960年にフランスから独立
首都	ダカール
面積	19万7,161km²（日本の約半分）
人口	1,413万人（2013年）
主な言語	フランス語（公用語）、ウォロワ語等各民族語
宗教	イスラム教95％、キリスト教5％、伝統的宗教
政体	共和制
民族	ウォロフ族、プル族、セレール族他
主要な通貨	CFAフラン（XAF）
主な対日輸出品	水産物等
日本との国交	あり
現国旗制定年	1960年8月20日

国名の現地公用語での表記

フランス語　République du Sénégal

145

国名コード	SOM
首都の位置	北緯2.02：東経45.21

ソマリア共和国
Republic of Somalia

現国旗の縦横の比率 2：3

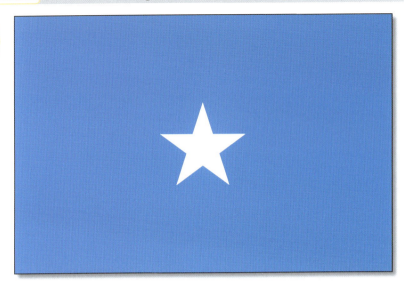

アフリカ

独立年	1960年に北部はイギリスから南部はイタリアから独立
首都	モガディシュ
面積	63万8,000k㎡（日本の約1.8倍）
人口	1,050万人（2013年）
主な言語	公用語：ソマリ語、アラビア語 第2公用語：英語、イタリア語
宗教	イスラム教
政体	全土を実効支配する政府はない
民族	ソマリ族
主要な通貨	ソマリア・シリング（SOS）
主な対日輸出品	生鮮魚類、精油
日本との国交	あり
現国旗制定年	1954年10月12日

国の成り立ちと国旗のいわれ

＜国の成り立ち＞1886年にイギリスが北部をイギリス領ソマリランドとして領有。1889年にはイタリアが南部をイタリア領ソマリランドとして領有した。1960年に北部がソマリランド国として独立すると、同年に南部も独立し、両地域を合わせてソマリア共和国が発足した。1969年クーデターによりバレ政権発足。しかし、1991年に崩壊し内戦状態に入り、2005年には暫定連邦「政府」（TFG）が樹立されたものの、ソマリア全土を実効的に統治できておらず、日本はTFGを政府承認していない。

＜国旗のいわれ＞ソマリアの独立は国連の援助によるところが大きかったため、国連旗と同じ青と白を採用している。中央の星は、ソマリ族の居住地の5地区を表す。

国名の現地公用語での表記

ソマリ語	Soomaaliya
アラビア語	الصومال

タンザニア連合共和国

United Republic of Tanzania

国名コード	TZA
首都の位置	南緯6.10：東経35.40

現国旗の縦横の比率 2：3

国の成り立ちと国旗のいわれ

＜国の成り立ち＞ 1881年にドイツの植民地ドイツ領東アフリカとなる。第一次世界大戦でドイツが敗北するとドイツ領東アフリカも解体され、大半は1920年にイギリスの委任統治領タンガニーカとなった。タンガニーカが1961年に独立。1964年にはザンジバル人民共和国とタンガニーカ・ザンジバル連合共和国を成立させ、同年、現在の国名へ改称した。

＜国旗のいわれ＞ かつてのタンガニーカとザンジバルの国旗の色を組み合わせたもの。タンガニーカは緑・黄・黒、ザンジバルは水色・黄色・黒の配色だった。緑は農業、黄色は天然資源、黒はアフリカ人、水色はインド洋を表している。

独立年	1961年にイギリスから独立
首都	ドドマ（事実上の首都機能は、ダルエスサラームが有している）
面積	94万5,000km²（日本の約2.5倍）
人口	5,182万人（2014年）
主な言語	英語（公用語）、スワヒリ語（国語）
宗教	イスラム教（約40％）、キリスト教（約40％）、土着宗教（約20％）
政体	共和制
民族	スクマ族、マコンデ族、チャガ族、ハヤ族等（約130の民族）
主要な通貨	タンザニア・シリング（TZS）
主な対日輸出品	コーヒー、貴金属、ゴマ
日本との国交	あり
現国旗制定年	1964年6月30日

国名の現地公用語での表記

スワヒリ語

Jamhuri ya Muungano wa Tanzania

国名コード　TCD

チャド共和国
Republic of Chad

首都の位置　北緯12.07：東経15.03

現国旗の縦横の比率　2：3

独立年	1960年にフランスから独立
首都	ンジャメナ
面積	128万4,000km²（日本の約3.4倍）
人口	1,200万人（2012年）
主な言語	アラビア語（公用語）、フランス語
宗教	イスラム教（54％）、カトリック（20％）、プロテスタント（14％）他
政体	共和制
民族	サラ族、チャド・アラブ族、マヨ・ケビ族、カネム・ボルヌ族他
主要な通貨	CFAフラン（XAF）
主な対日輸出品	ゴム、機械部品
日本との国交	あり
現国旗制定年	1959年11月6日

国の成り立ちと国旗のいわれ

＜国の成り立ち＞9世紀から19世紀末にかけてカネム・ボヌル王国が栄えていた。1891年、フランスはカネム・ボスル王国の保護を口実にチャドへの侵入開始。1910年にフランスにより併合され、1920年にはフランス領赤道アフリカへ編入された。1958年に自治共和国。1960年に独立を果たす。

＜国旗のいわれ＞フランスのトリコロール（三色旗）のうち、白を汎アフリカのシンボルカラーのひとつである黄色に置き換えたもの。青は空と希望、黄色は太陽と大地、赤は進歩と統一を表す。ルーマニアの国旗とよく似ているが、ルーマニアよりも青が少し濃い。

国名の現地公用語での表記

フランス語	République du Tchad
アラビア語	جمهوريّة تشاد

中央アフリカ共和国
Central African Republic

国名コード　CAF
首都の位置
北緯4.23：東経18.37

現国旗の縦横の比率　2：3

国の成り立ちと国旗のいわれ

＜国の成り立ち＞かつてはウバンギ・シャリと呼ばれた。19世紀末、フランス領コンゴ植民地建設。1910年にはフランス領赤道アフリカの一部となった。1960年にフランスから独立。1965年にボカサ中佐によるクーデターがおこり、1966年に大統領に就任し独裁政治をはじめたが、1979年に再度クーデターが発生し共和制が復活している。

＜国旗のいわれ＞フランスとアフリカの融合を理想と考えたバルテレミー・ボガンダによりデザインされた。フランス国旗の三色である赤・青・白と、汎アフリカ色の赤・黄・緑を合わせた5色が使われている。青は自由、白は平和、緑は希望、黄色は地下資源、赤は情熱、カントンの黄色い星は自由と独立を表している。

独立年	1960年にフランスから独立
首都	バンギ
面積	62万3,000㎢（日本の約1.7倍）
人口	480万人（2014年）
主な言語	サンゴ語（公用語、国語）、フランス語（公用語）、部族語
宗教	カトリック、プロテスタント、伝統的宗教、イスラム教
政体	共和制
民族	バンダ族、バヤ族、サラ族、ヤコマ族、サンゴ族、バカ族、ピグミー族他
主要な通貨	CFAフラン（XAF）
主な対日輸出品	木材、みつろう、ダイヤモンド
日本との国交	あり
現国旗制定年	1958年12月1日

国名の現地公用語での表記

フランス語	République centrafricaine
サンゴ語	Ködörösêse tî Bêafrîka

国名コード	TUN
首都の位置	北緯36.47：東経10.10

チュニジア共和国

Republic of Tunisia

現国旗の縦横の比率 2：3

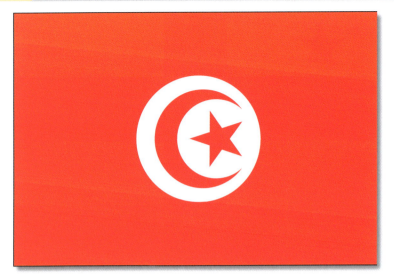

独立年	1956年にフランスから独立
首都	チュニス
面積	16万3,610km²（日本の約5分の2）
人口	1,099万人（2014年）
主な言語	アラビア語（公用語）、フランス語
宗教	イスラム教（スンニ派）
政体	共和制
民族	アラブ人（98%）、その他（2%）
主要な通貨	チュニジア・ディナール（TND）
主な対日輸出品	電気機器、衣類、クロマグロ
日本との国交	あり
現国旗制定年	1999年7月3日

国の成り立ちと国旗のいわれ

<国の成り立ち>古くはフェニキア人がこの地に移住し、BC814年頃にはカルタゴが建国され、地中海貿易で繁栄した。1574年にオスマン帝国の支配下に入り、1881年にフランスの保護領となった。1956年にフランスから独立。2010年から2011年にかけて、民主化運動のジャスミン革命がおこりベン・アリ大統領が亡命し、23年間続いたベン・アリ政権が崩壊している。この民主化運動は他のアラブ諸国へも広がり、各国で長期独裁政権への国民の不満が政治改革を引き起こす一因となった。ジャスミンはチュニジアを代表する花であることから命名された。

<国旗のいわれ>三日月と星はイスラム教の象徴。三日月はフェニキア人の美の女神タニスのシンボルでもある。白い円は太陽を表している。

国名の現地公用語での表記

アラビア語　　الجمهورية التونسية

トーゴ共和国

Republic of Togo

国名コード	TGO
首都の位置	北緯6.08：東経1.13

現国旗の縦横の比率 3：5

国の成り立ちと国旗のいわれ

＜国の成り立ち＞1884年にドイツ領トーゴランドとなる。第一次世界大戦でドイツが敗戦すると、1919年イギリスとフランスによって委任統治される。1957年に西部のイギリス領トーゴランドはのちのガーナとなるイギリス領ゴールドコーストと併合された。フランス領東トーゴランド（現トーゴ共和国）は、1960年に独立を果たしている。

＜国旗のいわれ＞赤・黄・緑の汎アラブ色を使用している。赤は忠誠を、緑は国民と農業を、黄色は労働を、白は純粋さを表している。白い星は自由と独立のシンボル。緑と黄色の5本のラインは、国内の5地方を表す。

独立年	1960年にフランスから独立
首都	ロメ
面積	5万6,785km²
人口	630万人（2012年）
主な言語	フランス語（公用語）、エヴェ語、カブレ語等
宗教	伝統的宗教（67％）、カトリック（18％）、イスラム教（10％）、プロテスタント（5％）
政体	共和制
民族	エヴェ族（約35％）等（40の部族）
主要な通貨	CFAフラン（XAF）
主な対日輸出品	カカオ豆、卑金、再輸入品（繊維類、乗用車）
日本との国交	あり
現国旗制定年	1960年4月27日

国名の現地公用語での表記

フランス語	République Togolaise

国名コード NGA

ナイジェリア連邦共和国

首都の位置
北緯9.12：東経7.11

Federal Republic of Nigeria

現国旗の縦横の比率
1：2

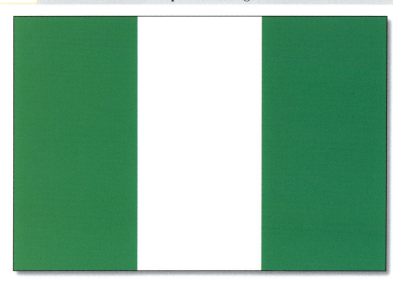

独立年	1960年にイギリスから独立	
首都	アブジャ	
面積	92万3,773km²（日本の約2.5倍）	
人口	1億8,220万人（2015年）	
主な言語	英語（公用語）、各民族語（ハウサ語、ヨルバ語、イボ語等）	
宗教	イスラム教（北部中心）、キリスト教（南部中心）、伝統宗教（全域）	
政体	連邦共和制	
民族	ハウサ人、ヨルバ人、イボ人等（民族数は250以上と推定されている）	
主要な通貨	ナイラ（NGN）	
主な対日輸出品	原油、液化天然ガス	
日本との国交	あり	
現国旗制定年	1960年10月1日	

国の成り立ちと国旗のいわれ

＜国の成り立ち＞17世紀から19世紀初頭の奴隷貿易の公式禁止までナイジュリアの海岸部は「奴隷の巣窟」と呼ばれていた。19世紀末にイギリスの植民地となる。1960年に独立。イスラム教徒が多い北部とキリスト教徒が多い南部で大きな違いがあり、独立後も宗教間の紛争がたびたびおこっている。
＜国旗のいわれ＞1960年の独立の際に、国旗のデザインが公募されて、イギリス留学中の学生がデザインしたものが採用された。飛行機からみおろした広大な森と平野をイメージしたものとされている。緑は森林と天然資源、白は平和と統一を表す。また三分割のデザインは、北部のハウサ族、西部のヨルバ族、東部のイボ族の主要三部族を表している。

国名の現地公用語での表記

英語　　Federal Republic of Nigeria

ナミビア共和国

Republic of Namibia

国名コード	NAM
首都の位置	南緯22.34：東経17.06

現国旗の縦横の比率 2：3

国の成り立ちと国旗のいわれ

＜国の成り立ち＞1884年に南西アフリカとしてドイツの保護領となる。1914年に南アフリカが侵攻して占領。1945年から南アフリカが不法統治をはじめる。1968年に国連が調停に入り、国名をナミビアへ改称。1990年にようやく独立を果たした。南アフリカ共和国の統治時代には人種隔離政策（アパルトヘイト）が行われていた。

＜国旗のいわれ＞独立解放を指導した南西アフリカ人民機構の旗から採用された配色。この国の主な民族であるオバンボ族の伝統色でもある。青は大西洋と空、白は平和と統一、赤は明るい未来、緑は農業、黄色は太陽で12の光はナミビアのおもな12の部族を表している。

独立年	1990年に南アフリカから独立
首都	ウィントフック
面積	82万4,000km²（日本の約2.2倍）
人口	230万3,000人（2013年）
主な言語	英語（公用語）、アフリカーンス、ドイツ語等部族語
宗教	キリスト教、伝統宗教
政体	共和制
民族	オバンボ族、カバンゴ族、ダマラ族、ヘレロ族、白人他
主要な通貨	ナミビア・ドル（NAD）
主な対日輸出品	生鮮魚、かに・エビ等の水産物、亜鉛
日本との国交	あり
現国旗制定年	1990年3月21日

国名の現地公用語での表記

英語　Republic of Namibia

153

国名コード	NER
首都の位置	北緯13.32：東経2.05

ニジェール共和国

Republic of Niger

現国旗の縦横の比率 6：7

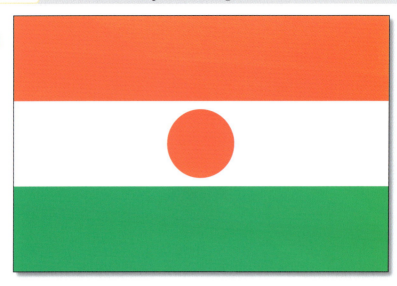

独立年	1960年にフランスから独立
首都	ニアメ
面積	126万7,000km²
人口	1,854万人（2013年）
主な言語	フランス語（公用語）、ハウサ語等
宗教	イスラム教、キリスト教、原始宗教
政体	共和制
民族	ハウサ族、ジェルマ・ソンガイ族、カヌウリ族、トゥアレグ族、トゥーブー族、プール族等
主要な通貨	CFAフラン（XAF）
主な対日輸出品	ウラニウム、グリセリン
日本との国交	あり
現国旗制定年	1959年11月23日

国の成り立ちと国旗のいわれ

＜国の成り立ち＞17世紀から19世紀にかけてトゥアレグ、プール族がこの地を支配。19世紀末にはイギリスとフランスが進出するが、1922年にフランス領西アフリカの一部に編入される。1960年に独立。

＜国旗のいわれ＞1960年の独立以前の1958年から自治国としてのニジェール共和国の枠組みは成立しており、独立前年の1959年にこの国旗は制定された。オレンジは北部のサハラ砂漠を、白は純粋さを、緑は南部の肥沃な大地を示している。中央の円は太陽と独立を表している。インドの国旗とよく似ているが、中央の紋章と旗の縦横の寸法が違う。またコートジボワールの国旗も同じ配色を採用している。

国名の現地公用語での表記

フランス語　République du Niger

ブルキナファソ
Burkina Faso

国名コード	BFA
首都の位置	北緯12.22：西経1.32

現国旗の縦横の比率 2：3

国の成り立ちと国旗のいわれ

＜国の成り立ち＞ 黒ボルタ、白ボルタ、赤ボルタにわかれるボルタ川の上流があることから、ボルタ川上流を意味するオートボルタがかつての国名だった。19世紀末にフランスの保護領となり、1904年にフランス領西アフリカの一部になった。1960年のアフリカの年に、オートボルタとして独立。1984年に現在の国名ブルキナファソ（清廉潔白な人の国）に改称している。

＜国旗のいわれ＞ オートボルタ共和国時代には、ボルタ川の3本の支流を表す黒・白・赤が国旗に使われていたが、1984年に現在の汎アフリカ色の旗に変更された。赤は革命闘争、緑は農業と林業、黄色は希望と鉱物資源を表し、星は革命の原理と指導力を象徴している。

独立年	1960年にフランスから独立
首都	ワガドゥグー
面積	27万4,200km²（日本の約70％）
人口	1,693万人（2013年）
主な言語	フランス語（公用語）、モシ語、ディウラ語、グルマンチェ語
宗教	伝統的宗教（57％）、イスラム教（31％）、キリスト教（12％）
政体	共和制
民族	モシ族、ゲルマンチェ族、ヤルセ族等
主要な通貨	CFAフラン（XAF）
主な対日輸出品	ごま、実綿・繰綿等
日本との国交	あり
現国旗制定年	1984年8月4日

国名の現地公用語での表記

フランス語	Burkina Faso

国名コード BDI
首都の位置 南緯3.22　東経29.21

ブルンジ共和国
Republic of Burundi

現国旗の縦横の比率 3：5

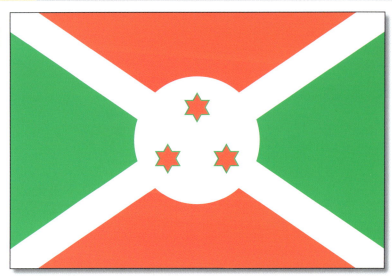

独立年	1962年にベルギーから独立
首都	ブジュンブラ
面積	2万7800km²
人口	1,020万人（2013年）
主な言語	フランス語、ハンディ語
宗教	カトリック（65％）、プロテスタント（10％）、伝統的宗教（23％）
政体	共和制
民族	フツ族、ツチ族、トゥワ族
主要な通貨	ブルンジ・フラン（BIF）
主な対日輸出品	コーヒー、茶
日本との国交	あり
現国旗制定年	1967年3月28日

国の成り立ちと国旗のいわれ

＜国の成り立ち＞17世紀には王国が成立していたが、1884年にドイツ領東アフリカの一部になる。1918年には隣国ルワンダとともにルワンダ＝ウルンディとしてベルギー領になった。1962年にブルンジ王国としてベルギーから独立。1966年には王制が廃止されて共和国になっている。＜国旗のいわれ＞緑は希望、白は純潔、赤は独立への苦闘を表している。中央の3つの星は、国家の標語である「統一・労働・進歩」を意味すると同時に、3つの主要な民族、フツ族、ツチ族、トゥワ族を象徴している。1967年の制定時には、旗の縦横比が2：3だったが、1982年に現在の3：5に改められた。

国名の現地公用語での表記
ルンディ語　Republika y'Uburundi
フランス語　République du Burundi

ベナン共和国

Republic of Benin

国名コード	BEN

首都の位置
北緯6.30：東経2.47

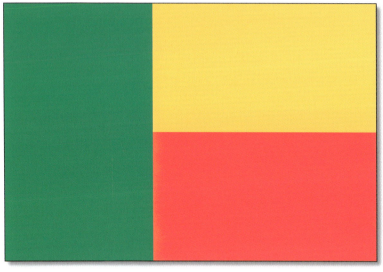

現国旗の縦横の比率
2：3

国の成り立ちと国旗のいわれ

＜国の成り立ち＞ 17世紀にダホメ王国が成立。19世紀末にフランスの植民地となり、1904年にはフランス領西アフリカ連邦の一部になった。1960年にダホメ共和国として独立したが、以降、民族抗争や軍事クーデターが頻発。1975年にベナン人民共和国へ改称し社会主義路線をとった。1989年に社会主義を放棄し、1990年に現国名に改めている。

＜国旗のいわれ＞ 汎アフリカの三色旗。緑は希望、黄色は富、赤は勇気を表している。

独立年	1960年にフランスから独立
首都	ポルトノボ
面積	11万2,622km²（日本の約3分の1）
人口	1,060万人（2014年）
主な言語	フランス語
宗教	伝統的宗教（65％）、キリスト教（20％）、イスラム教（15％）
政体	共和制
民族	フォン族、ヨルバ族（南部）、アジャ族（モノ、クフォ川流域）、バリタ族、プール族（北部）、ソンバ族（アタコラ山地、トーゴ間）等46部族
主要な通貨	CFAフラン（XAF）
主な対日輸出品	銅のくず等
日本との国交	あり
現国旗制定年	1990年8月1日

国名の現地公用語での表記

フランス語	République du Bénin

国名コード	BWA
首都の位置	南緯24.39：東経25.55

ボツワナ共和国
Republic of Botswana

現国旗の縦横の比率 2：3

独立年	1966年にイギリスから独立
首都	ハボロネ
面積	56万7,000km²（日本の約1.5倍）
人口	203万人（2013年）
主な言語	英語、ツワナ語（国語）
宗教	キリスト教、伝統宗教
政体	共和制
民族	ツワナ族（79％）、カランガ族（11％）、バサルク族（3％）等
主要な通貨	プラ（BWP）
主な対日輸出品	ダイヤモンド、アイボリー
日本との国交	あり
現国旗制定年	1966年9月30日

国の成り立ちと国旗のいわれ

＜国の成り立ち＞1885年イギリスの保護領となりベチュアナランドとよばれるようになる。1891年からイギリス高等弁務官の統治地域にされる。1964年イギリスは民主的な自治政府設立を容認。1966年にボツワナ共和国として独立した。

＜国旗のいわれ＞水色は水、とくに雨を表す。この雨はボツワナの国章にあるツワナ語の「Pula（雨）」からきており、この国での水の貴重さを示している。白と黒の線は、アフリカ系黒人と少数派の白人の融合を、また、国章にも描かれるシマウマを示している。

国名の現地公用語での表記

ツワナ語	Lefatshe la Botswana
英語	Republic of Botswana

マダガスカル共和国

Republic of Madagascar

国名コード	MDG
首都の位置	南緯18.55：東経47.31

現国旗の縦横の比率 2：3

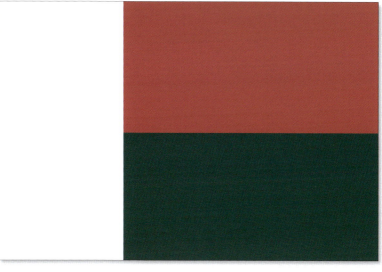

国の成り立ちと国旗のいわれ

＜国の成り立ち＞インド洋上の世界で4番目に大きい島国。18世紀末にメリナ王国が栄えたが、1896年に滅亡し、フランスの植民地となる。1958年フランス共同体自治領マルガシュ共和国となる。1960年に独立。1975年にマダガスカル民主共和国に改名し、社会主義化を進めたが1992年に社会主義を放棄し、現在の国名に改称している。

＜国旗のいわれ＞独立の2年前に国民投票で決められた国旗。白と赤はメリナ王国時代からの伝統の色。赤は主権、白は純粋さ、緑は希望と海岸地方を表す。この3色で、自由・愛国・進歩を表しているともいわれている。

独立年	1960年にフランスから独立
首都	アンタナナリボ
面積	58万7,041km²（日本の約1.6倍）
人口	2,357万人（2014年）
主な言語	マダガスカル語、フランス語（共に公用語）
宗教	キリスト教（41％）、伝統宗教（52％）、イスラム教（7％）
政体	共和制
民族	アフリカ大陸系、マレー系、その他18部族
主要な通貨	アリアリ（MGA）
主な対日輸出品	再輸出品（航空機用品等）甲殻類、バニラ
日本との国交	あり
現国旗制定年	1958年10月14日

国名の現地公用語での表記

マダガスカル語	Repoblikan'i Madagasikara
フランス語	République de Madagascar
英語	Republic of Madagascar

国名コード NWI
首都の位置
南緯13.58：東経33.49

マラウイ共和国
Republic of Malawi

現国旗の縦横の比率
2：3

独立年	1964年にイギリスから独立
首都	リロングウェ
面積	11万8,000万km²（北海道と九州を合わせた大きさ）
人口	1,636万人（2013年）
主な言語	英語（公用語）、チェワ語（国語）、各部族語
宗教	キリスト教（人口の75％）、イスラム教、伝統宗教
政体	共和制
民族	バンツー系（チュワ族、トゥンブーカ族、ンゴニ族、ヤオ族）
主要な通貨	マラウイ・クワチャ（MWK）
主な対日輸出品	葉タバコ、ナッツ、コーヒー
日本との国交	あり
現国旗制定年	2012年5月28

国の成り立ちと国旗のいわれ

＜国の成り立ち＞1891年にイギリスの保護領となり、1893年にイギリス中央アフリカ保護領、1907年以降はニヤサランドと呼ばれるようになった。1953年にローデシア・ニヤサランド連邦に組み込まれるが、1964年に独立。

＜国旗のいわれ＞2010年から2012年の間は、赤・黒・緑の中に白い太陽が描かれたものを使用していたが、2012年5月28日より、1964年の独立時に制定された黒・赤・緑の三色旗に赤い半円の太陽が置かれたものに再制定された。太陽は日の出、アフリカ大陸の希望と自由の夜明けを表し、黒はアフリカの国民、赤は自由のための殉教者、緑はマラウイに自然を表す。

国名の現地公用語での表記

チェワ語	Dziko la Malaŵi
英語	Republic of Malawi

マリ共和国
Republic of Mali

国名コード　MLI
首都の位置　北緯12.39：西経7.60

現国旗の縦横の比率　2：3

国の成り立ちと国旗のいわれ

＜国の成り立ち＞11世紀まではガーナ王国が、13～15世紀にはマリ帝国が栄えたが、その後は、多くの小王国が乱立した。19世紀末以降はフランスの植民地となりフランス領スーダンと呼ばれたが、1960年6月に隣国のセネガルと共にマリ連邦を結成し独立した。しかし、同年8月にはセネガルが連邦を離脱し、マリ共和国へと改称している。

＜国旗のいわれ＞フランスの国旗をモデルにした汎アフリカ色の三色旗。緑は農業、黄色は太陽と鉱物資源、赤は勇気と独立を表す。かつての国旗には、同じ配色で中央にカナガとよばれる黒人像が描かれていたが、住民の多くがイスラム教徒のため、イスラム教徒で禁止されている偶像崇拝につながりかねないという理由で削除された。

独立年	1960年にフランスから独立
首都	バマコ
面積	124万km²（日本の約3.3倍）
人口	1,530万人（2013年）
主な言語	フランス語（公用語）、バンバラ語等
宗教	イスラム教（80％）、伝統的宗教、キリスト教
政体	共和制
民族	バンバラ族、マリンケ族、プル族、トゥアレグ族等23以上の部族
主要な通貨	CFAフラン（XAF）
主な対日輸出品	ゴム製手袋、打楽器等
日本との国交	あり
現国旗制定年	1961年3月1日

国名の現地公用語での表記

フランス語　République du Mali

国名コード ZAF
首都の位置
南緯25.43：東経28.11

南アフリカ共和国
Republic of South Africa

現国旗の縦横の比率
2：3

独立年	1931年にイギリスから独立
首都	プレトリア
面積	122万km²（日本の約3.2倍）
人口	5,400万人（2014年）
主な言語	英語、アフリカーンス語、バンツー諸語（ズールー語、ソト語ほか）の合計11が公用語
宗教	キリスト教、ヒンズー教、イスラム教等
政体	共和制
民族	黒人、白人、カラード、アジア系
主要な通貨	ランド（ZAR）
主な対日輸出品	プラチナ、パラジウム、合金鉄
日本との国交	あり
現国旗制定年	1994年4月27日

国の成り立ちと国旗のいわれ

＜国の成り立ち＞17世紀にオランダがケープ植民地をつくる。19世紀にイギリスの植民地となる。1910年に南アフリカ連邦として自治領となり、1931年に独立。1961年には連邦を脱退して、南アフリカ共和国と改称し、共和制へ移行。1950年代以降に推進したアパルトヘイト政策（人種隔離政策）は国際的な非難をあびて、1991年に同法が廃止。1994年に全人種による総選挙が行われた。

＜国旗のいわれ＞1994年アパルトヘイトの廃止と同時に制定された。レインボー・フラッグとも呼ばれる。赤は過去の対立で流された血、緑は農業と自然、青は空と海、黒は黒人の国民、黄色は天然資源、白は白人の国民を示している。また、旗の中央にある「Y」を横にした形は、様々な人種や民族の協調、共生を象徴している。

国名の現地公用語での表記

アフリカーンス語	Republiek van Suid-Afrika
英語	Republic of South Africa
ズールー語	IRiphabliki yaseNingizimu Afrika
南ンデベレ語	IRiphabliki yeSewula Afrika
北ソト語	Rephaboliki ya Afrika-Borwa
ソト語	Rephaboliki ya Afrika Borwa
スワジ語	IRiphabhulikhi yeNingizimu Afrika
ツォンガ語	Riphabliki ra Afrika Dzonga
ツワナ語	Rephaboliki ya Aforika Borwa
ヴェンダ語	Riphabuḽiki ya Afurika Tshipembe
コサ語	IRiphabliki yaseMzantsi Afrika

南スーダン共和国
The Republic of South Sudan

国名コード　SSD
首都の位置　北緯4.51：東経31.36

現国旗の縦横の比率　2：3

国の成り立ちと国旗のいわれ

＜国の成り立ち＞1956年にスーダン共和国として北部と南部が統一して独立。2011年スーダン共和国の南部10州で、スーダン共和国からの分離独立の是非を問う住民投票が実施され、分離独立票が圧倒的多数（98.83％）を占めた。7月9日、「南スーダン共和国」がアフリカ大陸54番目の国家として分離独立した。

＜国旗のいわれ＞2005年に制定。スーダン人民解放軍の旗をそのまま使用している。黒は南部スーダン人を、白は平和、赤は自由のために流された血、緑は国土、青はナイル川、黄色の星は南部スーダンの団結を象徴している。

独立年	2011年にスーダン共和国から独立
首都	ジュバ
面積	64万k㎡（日本の約1.7倍）
人口	1,191万人（2014年）
主な言語	英語（公用語）等各部族語
宗教	キリスト教、伝統宗教
政体	共和制
民族	ディンカ族、シルク族、ヌエル族、他多数
主要な通貨	南スーダン・ポンド（SSP）
主な対日輸出品	石油等
日本との国交	あり
現国旗制定年	2005年7月9日

国名の現地公用語での表記

英語　Republic of South Sudan

国名コード	MOZ
首都の位置	南緯25.58：東経32.35

モザンビーク共和国

Republic of Mozambique

現国旗の縦横の比率 2：3

独立年	1975年にポルトガルから独立
首都	マプト
面積	79万9,000km²（日本の約2.1倍）
人口	約2,722万人（2014年）
主な言語	ポルトガル語
宗教	キリスト教（41％）、イスラム教（17.8％）、原始宗教
政体	共和制
民族	マクア・ロムウェ族等43部族
主要な通貨	メティカル（MZN）
主な対日輸出品	えび、たばこ、チタン鉱
日本との国交	あり
現国旗制定年	1983年5月1日

国の成り立ちと国旗のいわれ

＜国の成り立ち＞ 16世紀初頭からポルトガルの植民がはじまり、17世紀半ばにポルトガルの植民地支配が確立した。1900年代反ポルトガル蜂起続発。1962年にモザンビーク解放戦線が結成され、モザンビーク独立戦争が始まる。1975年にモザンビーク人民共和国として独立し、社会主義路線を進む。1989年には社会主義を放棄し、1990年に現在のモザンビーク共和国と改称した。

＜国旗のいわれ＞ もともとモザンビーク解放戦線の旗のデザインをモデルにしている。緑は農業と国土の豊かさを、黒はアフリカ大陸、黄色は豊かな鉱物資源、赤は独立闘争、白は平和を表している。黄色の星は社会主義思想を、銃は独立への苦闘を、鍬は農民、本は教育を示している。

国名の現地公用語での表記

ポルトガル語　**República de Moçambique**

モーリシャス共和国

Republic of Mauritius

国名コード　MUS
首都の位置
南緯20.10：東経57.30

現国旗の縦横の比率
2：3

国の成り立ちと国旗のいわれ

＜国の成り立ち＞インド洋に浮かぶ島国。気候は温暖で、インド洋のパラダイスとよばれる。かつてはインド商人の貿易中継地となっていた。1598年にオランダが植民を開始し、18世紀にはフランス領、19世紀にはイギリス領となった。1968年に独立。1992年に共和制へ移行している。

＜国旗のいわれ＞赤は自由と独立のために流された血、青はインド洋、黄色は独立で勝ちとった自由、緑は主産業であるサトウキビ栽培を表している。また、この4色は、主要住民であるインド人、アフリカ系黒人、ヨーロッパ系白人、中国人を表してもいるとされる。

独立年	1968年にイギリスから独立
首都	ポートルイス
面積	2,045km²（東京都とほぼ同じ）
人口	130万人（2014年）
主な言語	英語（公用語）、フランス語、クレオール語
宗教	ヒンズー教（52％）、キリスト教（30％）、イスラム教（17％）、仏教（0.7％）
政体	共和制
民族	インド系、クレオール系が大部分、他にフランス系、中国系等
主要な通貨	モーリシャス・ルピー（MUR）
主な対日輸出品	魚介類、衣類、花類
日本との国交	あり
現国旗制定年	1968年3月12日

国名の現地公用語での表記

英語　Republic of Mauritius

国名コード	MRT
首都の位置	北緯18.05：西経15.59

モーリタニア・イスラム共和国

Islamic Republic of Mauritania

現国旗の縦横の比率 2：3

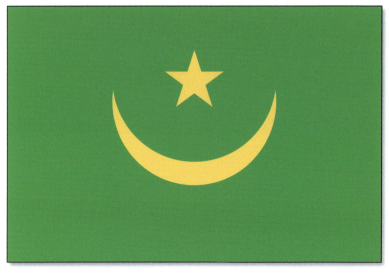

独立年	1960年にフランスから独立
首都	ヌアクショット
面積	103万km²（日本の約2.7倍）
人口	388万人（2013年）
主な言語	アラビア語（公用語、国語）、プラール語、ソニンケ語、ウォロフ語（いずれも国語）、実務言語としてフランス語が広く使われている
宗教	イスラム教（国教）
政体	共和制
民族	モール人、アフリカ系
主要な通貨	ウギア（MRO）
主な対日輸出品	たこ等
日本との国交	あり
現国旗制定年	1959年4月1日

国の成り立ちと国旗のいわれ

＜国の成り立ち＞国土の90％以上が砂漠で、オアシスが点在している。8世紀ごろ（4世紀という説もある）ガーナ王国が栄えた国。1902年フランスによる支配開始。1904年にフランス領となり、フランス領西アフリカの一部となった。1958年自治権獲得。1960年に独立。

＜国旗のいわれ＞地色の緑と三日月、星は主要な宗教であるイスラム教のシンボル。黄色はサハラ砂漠の砂を表し、緑は、国土の大半を占めるサハラ砂漠を緑化したいという強い希望と国の繁栄を表している。近年、サハラ砂漠の砂漠化の拡大が問題になっている。

国名の現地公用語での表記

アラビア語　الجمهورية الإسلامية الموريتانية

モロッコ王国

Kingdom of Morocco

国名コード	MAR
首都の位置	北緯34.02：西経6.51

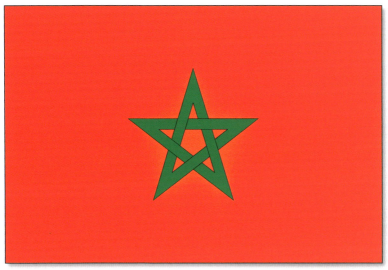

現国旗の縦横の比率 2：3

国の成り立ちと国旗のいわれ

＜国の成り立ち＞7世紀ごろアラブ人がこの地に侵入する。その後イスラム化が進み、いくつかのイスラム王朝が興亡を繰り返したが、1912年フェズ条約により国土の大部分がフランス領に、北部の一地域がスペイン領になった。1956年にフランスから独立、同年スペインも領有権を放棄し、翌年モロッコ王国となった。

＜国旗のいわれ＞現王朝のアラウィー朝がはじまったころには無地の赤旗が使われていたが、ほかの多くの国でも同じ旗が使われていたため、中央に星が加えられた。その緑の五芒星は「スレイマンの印章」とよばれ、国家安泰の象徴。緑はイスラム教を象徴する神聖な色。赤は現王朝の伝統色。

独立年	1956年にフランスとスペインから独立
首都	ラバト
面積	44万6,000㎢（日本の約1.2倍）
人口	3,392万人（2015年）
主な言語	アラビア語、ベルベル語（共に公用語）、フランス語
宗教	イスラム教（国教）スンニ派がほとんど
政体	立憲君主制
民族	アラブ人（65％）、ベルベル人（30％）
主要な通貨	モロッコ・ディルハム（MAD）
主な対日輸出品	魚介類（タコ、イカ等）、電子部品、燐鉱石関連
日本との国交	あり
現国旗制定年	1915年11月17日

国名の現地公用語での表記

アラビア語　المملكة المغربية

167

国名コード	LBY
首都の位置	北緯32.58：東経13.12

リビア
Libya

現国旗の縦横の比率 1：2

独立年	1951年にイギリスとフランス（共同統治領）から独立
首都	トリポリ
面積	176万km²（日本の約4.6倍）
人口	642万人（2011年）
主な言語	アラビア語
宗教	イスラム教（スンニ派）
政体	共和制
民族	アラブ人
主要な通貨	リビア・ディナール（LYD）
主な対日輸出品	まぐろ等
日本との国交	あり
現国旗制定年	2011年2月27日

国の成り立ちと国旗のいわれ

＜国の成り立ち＞古くはカルタゴ、ローマ帝国、東ローマ帝国、オスマン帝国などの支配を受けた。1911年にイタリア王国が植民地化したが1951年に独立。1963年にはリビア王国が成立した。1969年カダフィ大佐がクーデターをおこし、王制から共和制へ移行。しかし、2011年カダフィ打倒をめざした反体制派（のちのリビア国民評議会）と政権側の間で内戦状態となり、同年カダフィ政権は崩壊した。

＜国旗のいわれ＞1951年から1969年までの王政期時代に国旗として使用していたものを復活させたもの。赤は剣、黒は闘争、緑は草原を象徴している。中央にはイスラム教の象徴とされる星と三日月を配置している。

国名の現地公用語での表記

アラビア語　الجمهورية الليبية

168

リベリア共和国
Republic of Liberia

国名コード　LBR
首都の位置
北緯6.19：西経10.48

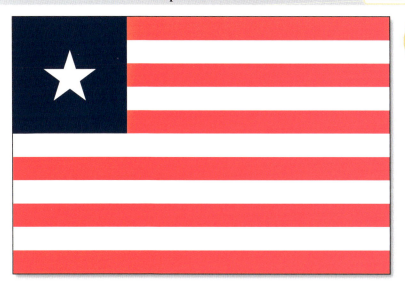

国旗の縦横の比率
10：19

国の成り立ちと国旗のいわれ

＜国の成り立ち＞15世紀ごろ、胡椒に似た種子を手に入れたヨーロッパの航海者がこの地を胡椒海岸と名づけた。19世紀初頭、アメリカ合衆国で設立されたアメリカ植民協会が黒人奴隷のアフリカへの帰還を計画。その再入植地としてこの地を購入し、入植地は次第に拡大されていった。1847年にリベリア共和国として独立。

＜国旗のいわれ＞アメリカ合衆国の国旗に似たデザインなのは、リベリアがアメリカ解放奴隷の再植民によって建国されたことによる。11本の紅白の縞は、リベリア独立宣言の11名の署名者を示し、赤は勇気と忍耐、白は純粋さ、青い四角はアフリカ大陸を、星は当時のアフリカでただひとつの独立国であったことを示す。

独立年	1847年にアメリカ合衆国から独立
首都	モンロビア
面積	11万1,370km²（日本の約3分の1）
人口	440万人（2014年）
主な言語	英語（公用語）等各部族語
宗教	キリスト教（85％）、イスラム教（12％）等
政体	共和制
民族	ゴラ族、クベレ族、クル族、バサ族等16部族
主要な通貨	リベリア・ドル（LRD）
主な対日輸出品	石油製品等
日本との国交	あり
現国旗制定年	1847年7月26日

国名の現地公用語での表記

英語	Republic of Liberia

169

国名コード	RWA
首都の位置	南緯1.59：東経30.05

ルワンダ共和国
Republic of Rwanda

現国旗の縦横の比率 2：3

独立年	1962年にベルギーから独立
首都	キガリ
面積	2万6,300km²
人口	1,210万人（2014年）
主な言語	キニアルワンダ語、英語、フランス語
宗教	キリスト教（カトリック、プロテスタント）、イスラム教
政体	共和制
民族	フツ族、ツチ族、トゥワ族
主要な通貨	ルワンダ・フラン（RWF）
主な対日輸出品	コーヒー、バッグ類
日本との国交	あり
現国旗制定年	2001年10月25日

国の成り立ちと国旗のいわれ

＜国の成り立ち＞17世紀にルワンダ王国が建国された。1889年にドイツの保護領となり、第一次世界大戦後はベルギーの信託統治領となる。1962年独立。しかし、多数派のフツ族と少数派のツチ族との部族抗争が激化し、1990年にはルワンダ紛争が、1994年にはルワンダ虐殺がおこり、大量の難民が発生した。現在は、内戦時代に海外へ脱出したツチ族が戦後帰国し、国の復興に尽力し近代化が進んでいる。

＜国旗のいわれ＞水色は幸福と平和、黄色は経済成長、緑は資源の豊かさを示し、太陽は国民を導く希望の光を表している。部族間の抗争がなくなるように、流血をイメージさせる赤をあえて使用しなかったといわれている。

国名の現地公用語での表記

ルワンダ語	Republika y'u Rwanda
英語	Republic of Rwanda
フランス語	République du Rwanda

レソト王国
Kingdom of Lesotho

国名コード	LSO
首都の位置	南緯29.18：東経27.28

現国旗の縦横の比率 2：3

国の成り立ちと国旗のいわれ

＜国の成り立ち＞南アフリカ共和国の中にある小国。1868年にイギリスの保護領となりバストランドと呼ばれるようになる。1966年に独立し現国名になる。国名のレソトは、ソト語を話す人々を意味する。

＜国旗のいわれ＞最初の国旗は青地に白のソト人の帽子を描いた緑・赤・青の三色旗だった。しかし1986年のクーデターによる政権交代で、国土防衛を示すソト人の伝統的な盾と槍と棍棒のシルエットが採用された。2006年にふたたびソト人の帽子を描いた新しい三色旗になっている。青は雨、白は平和、緑は繁栄、黒はアフリカ大陸を象徴している。

独立年	1966年にイギリスから独立
首都	マセル
面積	3万km²（九州の約0.7倍）
人口	211万人（2014年）
主な言語	英語、セソト語（共に公用語）
宗教	キリスト教
政体	立憲君主制
民族	バソト族
主要な通貨	ロチ（LSL）
主な対日輸出品	衣類
日本との国交	あり
現国旗制定年	2006年10月4日

国名の現地公用語での表記

ソト語	Mmuso wa Lesotho
英語	Kingdom of Lesotho

南北アメリカ

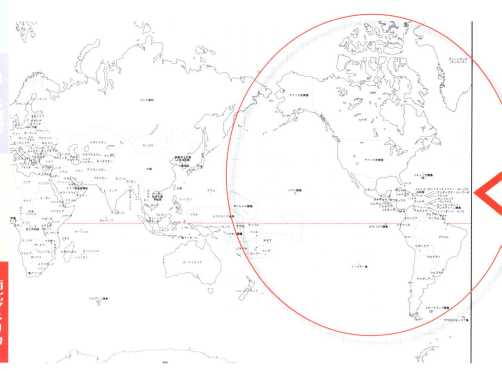

グリーンランド
（デンマーク）

NIS諸国

アメリカ合衆国

カナダ

アメリカ合衆国

南北アメリカ

ハワイ諸島

バミューダ諸島
（英）

バハマ

メキシコ
キューバ
ドミニカ
共和国
セントクリストファー・ネービス

ベリーズ
ジャマイカ
アンティグア・バーブーダ

グアテマラ
ドミニカ

エルサルバドル
ホンジュラス
ハイチ
セントルシア

ニカラグア
グレナダ
バルバドス

コスタリカ
セントビンセント・
グレナディーン諸島

パナマ
ベネズエラ
トリニダード・トバゴ

ガラパゴス諸島
コロンビア
ガイアナ

スリナム
ギアナ
（仏）

エクアドル

ペルー
ブラジル

ボリビア

イースター島
パラグアイ

ウルグアイ

チリ
アルゼンチン

フォークランド諸島
（英）

サウスジョージア島

国名コード	USA
首都の位置	北緯38.54：西経77.02

アメリカ合衆国
The United States of America

現国旗の縦横の比率 10：19

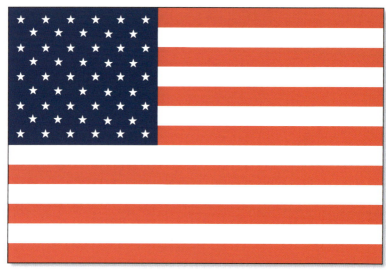

独立年	1776年にイギリスから独立
首都	ワシントンD.C.
面積	962万8,000km²（日本の約25倍）
人口	3億1,694万2,000人（2013年）
主な言語	英語
宗教	キリスト教等
政体	大統領制、連邦制
民族	白人（72.4％）、黒人（12.6％）、ヒスパニック（16.3％）、アジア系（4.8％）、ネイティブ・アメリカン（0.9％）他
主要な通貨	アメリカ・ドル（USD）
主な対日輸出品	航空機類、半導体等電子部品、科学光学機器
日本との国交	あり
現国旗制定年	1960年7月4日

国の成り立ちと国旗のいわれ

＜国の成り立ち＞北米大陸中央部の48州とアラスカ、ハワイの2州の50州（首都ワシントンはワシントン・コロンビア特別区）からなる連邦共和国。イギリスの北米13植民地が1776年に独立して成立。

＜国旗のいわれ＞星条旗として知られる。白線と赤線を組み合わせた13本の横縞（赤7本と白6本、最初と最後は必ず赤）は独立当時の13州と現在の州の数を表す星からなる。星は独立時の13個から、州が加わるたびに増やされており、その度に配置も変更されてきた。また、当初は縞の数も星の数とともに増やされてきたが、本数が多くなると見づらくなるという理由で、1818年に13本で固定されることになった。初代大統領ワシントンは「星は天を、赤は母国なるイギリスを、白条は母国イギリスからの独立を表す」といっている。

国名の現地公用語での表記

英語	United States of America

カナダ

Canada

国名コード	CAN
首都の位置	北緯45.25：西経75.42

現国旗 縦横の比率 1：2

国の成り立ちと国旗のいわれ

＜国の成り立ち＞ 16世紀以降、フランスとイギリスがそれぞれの植民地をつくったが、17世紀から18世紀にかけてイギリス対フランスの北米植民地戦争がおこり、1763年のパリ条約によりイギリスの支配が確立した。1867年に憲法法が採択された。1931年に独立。

＜国旗のいわれ＞ 1965年にそれまでの英国国旗ベースの旗から変更。中央に赤いサトウカエデ（Sugar maple）の葉が配されておりメイプルリーフ旗とも呼ばれる。カエデは、カナダの厳しい自然の中での暮らしを象徴。その周りの白は雪の降る様子をイメージしており、両側にある赤は、向かって右側が大西洋、左側が太平洋を意味している。

独立年	1931年にイギリスから独立
首都	オタワ
面積	998万5,000km² （世界第2位、日本の約27倍）
人口	約3,599万人（2015年）
主な言語	英語、フランス語（共に公用語）
宗教	ローマ・カトリック（加国民の約半分近く）
政体	立憲君主制、連邦制
民族	白人(83.7％)、南アジア系(49％)、中国系(3.7％)、黒人(2.5％)、先住民族(3.3％)
主要な通貨	カナダ・ドル（CAD）
主な対日輸出品	鉱物性燃料、農産品、林産品
日本との国交	あり
現国旗制定年	1965年2月15日

国名の現地公用語での表記

英語	Canada
フランス語	Canada

南北アメリカ

国名コード	ATG
首都の位置	北緯17.07：西経61.51

アンティグア・バーブーダ

Antigua and Barbuda

現国旗 縦横の比率 2：3

独立年	1981年にイギリスから独立
首都	セントジョンズ
面積	442㎢（種子島とほぼ同じ）
人口	8万9000人（2013年）
主な言語	英語
宗教	キリスト教（プロテスタント、カトリック等）等
政体	立憲君主制
民族	アフリカ系（90％）、混血、ヨーロッパ、アメリカ系他
主要な通貨	東カリブ・ドル（XCD）
主な対日輸出品	ぶどう（乾燥）、その他の機械（固有の機能を有するもの）
日本との国交	あり
現国旗制定年	1967年2月27日

国の成り立ちと国旗のいわれ

＜国の成り立ち＞カリブ海東部、アンティグア島、バーブーダ島、レドンダ島からなる島国。1493年にコロンブスにより「発見」。アンティグア島はスペイン、フランスの支配を受けたあとに、1667年にイギリスの植民地となる。その前年にバーブーダ島もイギリスの植民地になっている。1860年アンティグア島とバーブーダ島をイギリスが併合。1981年に独立。

＜国旗のいわれ＞1966年に公募され、高校の美術教師だったレジナルド・サムエルズの作品が採用されて1967年に制定された。太陽は新しい時代の夜明けを、赤は国民の活力を、黒はアフリカ系黒人を、青は海と希望を、白は砂浜とイギリス系白人を、黄色は太陽を、V字は勝利を表している。

国名の現地公用語での表記

英語	Antigua and Barbuda

エルサルバドル共和国

Republic of El Salvador

国名コード	SLV
首都の位置	北緯13.42：西経89.12

現国旗の縦横の比率 3：5

国の成り立ちと国旗のいわれ

＜国の成り立ち＞ 1525年スペイン人がサンサルバドル市を建設後、グアテマラ総督領に編入される。1821年に独立。1824年に中央アメリカ連邦に参加、1841年に分離独立。1896年にホンジュラス、ニカラグアとともに大中米共和国を設立するが、1898年には崩壊した。

＜国旗のいわれ＞ 青と白の縞は、エルサルバドルの前身、中央アメリカ連邦の国旗に由来する。青はカリブ海と太平洋、白は平和を示している。中央は国章。中心部の三角形は中央アメリカ連邦の5州を示す5つの火山、その上には自由を意味するフリギア帽、三角形の後ろは中央アメリカ連邦の国旗を示す5つの旗、その下はスペイン語で国の標語「神・統一・自由」が月桂樹で囲まれている。

独立年	1821年にスペインから独立
首都	サンサルバドル
面積	2万1,040km²（九州の約半分）
人口	約611万人（2014年）
主な言語	スペイン語
宗教	カトリック教
政体	立憲共和国
民族	スペイン系白人と先住民の混血（84％）、先住民族（5.6％）、ヨーロッパ系（10％）
主要な通貨	サルバドール・コロン（SVC）
主な対日輸出品	コーヒー、衣類等
日本との国交	あり
現国旗制定年	1972年9月27日

国名の現地公用語での表記

スペイン語　República de El Salvador

国名コード	CUB
首都の位置	北緯23.08 西経82.23

キューバ共和国
Republic of Cuba

現国旗の縦横の比率 1：2

独立年	1902年にアメリカ合衆国から独立
首都	ハバナ
面積	10万9,884km²（本州の約半分）
人口	約1,126万人（2014年）
主な言語	スペイン語
宗教	宗教は原則として自由
政体	共和制
民族	ヨーロッパ系（25%）、混血（50%）、アメリカ系（25%）
主要な通貨	キューバ・ペソ（CUP）及び兌換ペソ（CUC）
主な対日輸出品	魚介類、葉巻、コーヒー、ニッケル
日本との国交	あり
現国旗制定年	1902年5月20日

国の成り立ちと国旗のいわれ

＜国の成り立ち＞キューバ島と周囲1,600あまりの島々からなる国。1492年にコロンブスによって「発見」され、1511年にスペインに征服された。19世紀半ばには独立戦争がおこり、1898年に米西戦争がおこると、アメリカ軍がキューバ全島からスペイン軍を駆逐。1902年に独立したが、アメリカによる支配が始まった。1959年にキューバ革命がおこるとカストロが実権を握り、社会主義への道を歩むことになる。

＜国旗のいわれ＞キューバ解放運動がおこった際に、ロペス将軍が採用していたものがキューバ革命後もそのまま使われている。青の3本の縞は、独立運動時の3州を、2本の縞は独立の精神を、赤の三角形は国力を、白の星は独立を表している。

国名の現地公用語での表記

スペイン語	República de Cuba

グアテマラ共和国
Republic of Guatemala

国名コード　GTM

首都の位置
北緯14.37：西経90.32

現国旗の縦横の比率
5：8

国の成り立ちと国旗のいわれ

<国の成り立ち>かつては古代マヤ文明の中心地として栄えた。1523年にスペインに征服される。1821年に独立。しかし同年、メキシコ帝国に併合される。メキシコ帝国が崩壊すると1823年に中央アメリカ連邦の一州となった。1839年に分離独立。

<国旗のいわれ>空色は太平洋とカリブ海、白は平和を表している。白地に2つの青のストライプはもともと中央アメリカ連邦の国旗だったが、グアテマラではストライプを縦向きに使用している。中央に描かれているのは国章。ライフルとサーベルは国防のためには戦争も辞さない意志を、月桂樹は勝利と栄光を表し、巻紙には独立した日付がスペイン語で記されている。上にとまった鳥はケツァールという国鳥。

独立年	1821年にスペインから独立
首都	グアテマラシティ
面積	10万8,889km²（北海道と四国を合わせた広さよりやや大きい）
人口	約1,602万人（2014年）
主な言語	スペイン語（公用語）、他に22のマヤ系言語
宗教	カトリック、プロテスタント等
政体	立憲共和制
民族	先住民（38.4％）、白系先住民（混血、欧州系61.6％）
主要な通貨	ケツァル（GTQ）
主な対日輸出品	コーヒー、胡麻の種、カルダモン
日本との国交	あり
現国旗制定年	1997年12月26日

国名の現地公用語での表記

スペイン語　　República de Guatemala

国名コード	GRD
首都の位置	北緯12.04：西経61.44

グレナダ

Grenada

現国旗の縦横の比率 3：5

独立年	1974年にイギリスから独立
首都	セントジョージズ
面積	345km²（五島列島福江島とほぼ同じ）
人口	10万5,000人（2013年）
主な言語	英語（公用語）、フランス語系パトワ語
宗教	キリスト教（カトリック、プロテスタント等）等
政体	立憲君主制
民族	アフリカ系、インド系、ヨーロッパ系
主要な通貨	東カリブ・ドル（XCD）
主な対日輸出品	一般機械等
日本との国交	あり
現国旗制定年	1974年2月7日

国の成り立ちと国旗のいわれ

<国の成り立ち>カリブ海小アンティル諸島にある島国。面積が最も大きいグレナダ島は、香辛料の島としても知られている。1498年にコロンブスにより「発見」。1650年にはフランスが植民地化し、1762年フランスに代わりイギリスが植民地化。1783年にはイギリスの正式な領土となり、1974年に独立。1983年に軍事クーデターが発生するが、アメリカおよびカリブ海諸国の軍事介入（グレナダ侵攻）によって民主主義が復活した。

<国旗のいわれ>赤は国民の情熱と勇気を、黄色は太陽と国土および富を、緑は肥沃な土地と農業を表している。7つの金星は、この国を構成する7地区を示している。旗竿側に描かれているのは、特産物の香辛料ナツメグの実で、国の経済を支える重要な農産物であることを意味する。

国名の現地公用語での表記

英語	Grenada

コスタリカ共和国
Republic of Costa Rica

国名コード	CRI
首都の位置	北緯9.56：西経84.05

現国旗の縦横の比率 3：5

国の成り立ちと国旗のいわれ

＜国の成り立ち＞コスタリカはスペイン語で「豊かな（Rica）海岸（Costa）」を意味する。1502年にコロンブスにより「発見」、スペインの植民地になる。1821年独立。1823年に中央アメリカ連邦に参加、1848年に分離独立する。

＜国旗のいわれ＞フランス国旗を2つつなげたといわれる国旗は、1848年に当時の大統領夫人のアイデアによるもので、青は青空、白は白い雲、赤は独立闘争で流された血を表している。旗竿側に描かれているのは国章。手前がカリブ海で奥が太平洋、中央にコスタリカ領土を表す3つの火山と大航海時代を意味するスクーナ船が描かれている。また、太陽は独立を、7つの星はコスタリカの7県を表し、下には征服者を表す十字架も描かれている。

独立年	1821年にスペインから独立
首都	サンホセ
面積	5万1,100km²（九州と四国を合わせた大きさ）
人口	約476万人（2014年）
主な言語	スペイン語
宗教	カトリック教（国教、ただし信教の自由あり）
政体	共和制
民族	スペイン系及び先住民との混血（95%）アフリカ系（3%）、先住民他（2%）
主要な通貨	コロン（CRC）
主な対日輸出品	コーヒー、集積回路等
日本との国交	あり
現国旗制定年	1998年5月5日

国名の現地公用語での表記

スペイン語　República de Costa Rica

ジャマイカ

Jamaica

国名コード JAM
国の位置 北緯17.60：西経76.47
現国旗の縦横の比率 1：2

独立年	1962年にイギリスから独立
首都	キングストン
面積	1万990km²（秋田県とほぼ同じ）
人口	272万1,000人（2014年）
主な言語	英語、英語系パトゥア語
宗教	プロテスタント等
政体	立憲君主制
民族	アフリカ系（91％）、混血（6.2％）、その他（2.6％）
主要な通貨	ジャマイカドル（JMD）
主な対日輸出品	コーヒー、ラム酒、とうがらし、レコード
日本との国交	あり
現国旗制定年	1962年8月6日

国の成り立ちと国旗のいわれ

＜国の成り立ち＞カリブ海の島国。1494年にコロンブスにより「発見」。1670年にイギリスの植民地となり、1957年自治領となり、1962年に独立した。カリブ海のイギリス植民地の中で最初の独立国となった。

＜国旗のいわれ＞緑は希望と農業、黄色は太陽と天然資源、黒は黒人と克服すべき困難を表し、全体で「困難はあっても国土は緑豊かで太陽は輝いている」という意味がこめられている。中央の十字は聖アンデレ十字とよばれる紋章で、キリスト教への敬虔な信仰を表している。

国名の現地公用語での表記

英語　　Jamaica

セントクリストファー・ネーヴィス
Saint Christopher and Nevis

国名コード	KNA
首都の位置	北緯17.18：西経62.43

現国旗の縦横の比率 2：3

国の成り立ちと国旗のいわれ

＜国の成り立ち＞西インド諸島の小アンティル諸島内のリーワード諸島に位置するセントクリストファー島（セントキッツ島）とネイビス島の2つの島からなる島国。1493年コロンブスによって「発見」、コロンブスが自分の名前をの由来である「聖クリストファー」に因んで名がつけられた。17世紀後半からイギリスとフランスとの間で島の争奪戦争がおこる。1783年にイギリスの植民地となる。1983年に独立した。

＜国旗のいわれ＞緑は肥沃な大地と農業、赤は独立闘争、黒はアフリカ系黒人、黄色は太陽を表している。2つの星はセントクリストファー島とネイビス島を示すとともに、自由と希望の象徴でもある。

独立年	1983年にイギリスから独立
首都	バセテール
面積	262km²（西表島とほぼ同じ）
人口	5万4,000人（2013年）
主な言語	英語
宗教	キリスト教（プロテスタント、カトリック等）等
政体	立憲君主制
民族	アフリカ系、イギリス系、ポルトガル系、レバノン系等
主要な通貨	東カリブ・ドル（XCD）
主な対日輸出品	綿製品、電子部品、衣類
日本との国交	あり
現国旗制定年	1983年9月19日

国名の現地公用語での表記

英語
St. Kitts and Nevis,
The Federation of St. Christopher and Nevis,
The Federation of St. Kitts and Nevis
も公式書で並用して使用している

国名コード	VCT
首都の位置	北緯13.12：西経61.14

セントビンセントおよびグレナディーン諸島
Saint Vincent and the Grenadines

現国旗 縦横の比率 2：3

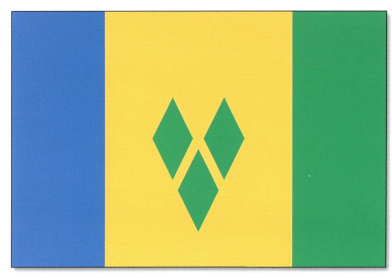

独立年	1979年にイギリスから独立
首都	キングスタウン
面積	389km²（五島列島福江島とほぼ同じ）
人口	10万9,000人（2013年）
主な言語	英語（公用語）、フランス語系パトワ語
宗教	キリスト教（プロテスタント、カトリック等）等
政体	立憲君主制
民族	アフリカ系、東インド系、混血、カリブ族
主要な通貨	東カリブ・ドル（XCD）
主な対日輸出品	冷凍水産品
日本との国交	あり
現国旗制定年	1985年10月21日

国の成り立ちと国旗のいわれ

＜国の成り立ち＞カリブ海の小アンティル諸島にある火山島のセントビンセント島と珊瑚礁のグレナディーン諸島からなる国。1498年にコロンブスにより「発見」。1783年にパリ条約によりイギリスの植民地となる。1979年独立。

＜国旗のいわれ＞青は空とカリブ海、黄色は太陽と温暖な気候、国民の明るい気質と島の黄色い砂を、緑は豊かな農産物と国民の活力を表している。また、ビンセント（Vincent）の頭文字Vにちなみ、黄色地の上に3個のひし形（ダイヤモンド）がV字に配置されている。この3個のダイヤモンドは多くの島々を表し、ダイヤモンドはこの諸島がアンティル諸島宝石とされていることから使われている。それゆえ、この国旗は「宝石旗（The Gems）」と呼ばれることもある。

国名の現地公用語での表記

英語　Saint Vincent and the Grenadines

セントルシア

Saint Lucia

国名コード	LCA
首都の位置	北緯13.12：西経61.14

現国旗の縦横の比率 1：2

国の成り立ちと国旗のいわれ

＜国の成り立ち＞カリブ海のウィンドワード諸島にある島国。セントルシアの名は、コロンブスがこの島を「発見」したとされる日が、聖ルチアの祝日だったことに由来する。17世紀から18世紀にかけてイギリスとフランスが領有を争い14回領有権が変わった。1814年のパリ条約でイギリスの植民地となり、1979年に独立した。

＜国旗のいわれ＞青地は、もともとは濃い青だったが2002年に現在の水色に変更された。青は大西洋とカリブ海、黄色は太陽、黒と白は黒人と白人が協力して国づくりを進めることを表している。中央の三角形は、海から突き出したピトン山という国のシンボルの火山を表している。

独立年	1979年にイギリスから独立
首都	カストリーズ
面積	616㎢（淡路島とほぼ同じ）
人口	18万2,000人（2013年）
主な言語	英語（公用語）、フランス語系パトワ語
宗教	キリスト教（プロテスタント、カトリック等）等
政体	立憲君主制
民族	アフリカ系（82.5%）、混血（11.9%）、東インド系（2.4%）等
主要な通貨	東カリブ・ドル（XCD）
主な対日輸出品	可変低抗器、温度計、バイロメーター
日本との国交	あり
現国旗制定年	1979年2月22日

国名の現地公用語での表記

英語	Saint Lucia

国名コード　DOM
国の位置　北緯18.28：西経69.56

ドミニカ共和国
Dominican Republic

現国旗の縦横の比率　1：2

独立年	1844年にハイチから独立
首都	サント・ドミンゴ
面積	4万8,442km²（東北6県から岩手県を除いた大きさ）
人口	約1,053万人（2014年）
主な言語	スペイン語
宗教	カトリック
政体	立憲共和制
民族	混血（73％）、ヨーロッパ系（16％）、アフリカ系（11％）
主要な通貨	ペソ（DOP）
主な対日輸出品	医療用機器、医薬品、履物類　コーヒー
日本との国交	あり
現国旗制定年	1863年9月14日

国の成り立ちと国旗のいわれ

＜国の成り立ち＞西インド諸島、大アンティル諸島イスパニョーラ島の東部に位置する。同島西部にあるハイチと国境を接している。1492年にコロンブスが「発見」し、新大陸初のスペイン植民地となる。しかし1795年にはフランス領となり、1804年にハイチの一部としてフランスから独立。1844年ハイチから独立。しかし、1861年にふたたびスペイン領となるが、1865年に再独立をはたした。

＜国旗のいわれ＞青は平和、赤は独立のために流された血、白は自由、十字はキリスト教への信仰を表す。中央に描かれているのは国章。月桂樹とヤシに囲まれた旗の上に聖書と十字架が描かれており、国家の栄光を象徴している。また、上のリボンには「神・祖国・自由」の文字が、下のリボンには国名がそれぞれスペイン語で記されている。

国名の現地公用語での表記

スペイン語　　República Dominicana

ドミニカ国

Commonwealth of Dominica

国名コード	DMA
首都の位置	北緯15.18：西経61.23

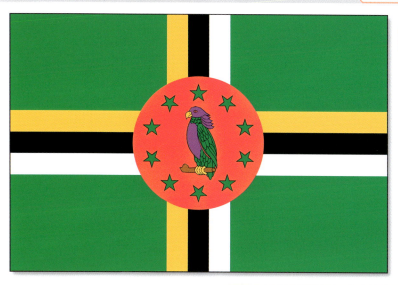

現国旗の縦横の比率 1：2

国の成り立ちと国旗のいわれ

<国の成り立ち>カリブ海小アンティル諸島の島国。自然が豊かで、カリブ海に存在する多種多様の植物が自生しており、「カリブ海の植物園」と呼ばれている。1493年にコロンブスが「発見」。フランスの植民地をへて、パリ条約により1805年にイギリスの植民地となる。1978年に独立した。

<国旗のいわれ>緑は森と国土の活力、黄色は太陽と主要産物のかんきつ類、ドミニカの先住民を、黒は肥沃な国土とアフリカ黒人、白は河川と純粋さを表している。中央に描かれているのは国鳥のミカドボウシインコというオウムで飛躍と大志の実現を、10個の星は国を構成する10地区を示す。1981年以前は帯の色の順番が異なっていたが変更された。また、オウムも1988年以前は右を向いていた。

独立年	1978年にイギリスから独立
首都	ロゾー
面積	750km²（奄美大島とほぼ同じ）
人口	7万2,000人（2013年）
主な言語	英語（公用語）、フランス語系パトワ語
宗教	キリスト教（プロテスタント、カトリック等）等
政体	立憲共和国
民族	アフリカ系、ヨーロッパ系、シリア系、カリブ族
主要な通貨	東カリブ・ドル（XCD）
主な対日輸出品	羊製品、葉巻たばこ、衣類
日本との国交	あり
現国旗制定年	1990年11月3日

国名の現地公用語での表記

英語 Commonwealth of Dominica

国名コード	TTO
首都の位置	北緯10.38：西経61.31

トリニダード・トバゴ共和国

Republic of Trinidad and Tobago

現国旗の縦横の比率 3：5

独立年	1962年にイギリスから独立
首都	ポート・オブ・スペイン
面積	5,128km²（千葉よりやや大きい）
人口	134万4,000人（2014年）
主な言語	英語（公用語）、ヒンディー語、フランス語、スペイン語
宗教	キリスト教（カトリック等）、ヒンドゥー教、イスラム教等
政体	立憲共和制
民族	インド系（40%）、アフリカ系（37.5%）、混血（20.5%）、その他（2.0%）
主要な通貨	トリニダード・トバゴ・ドル（TTD）
主な対日輸出品	LNG、カカオ豆等
日本との国交	あり
現国旗制定年	1962年6月28日

国の成り立ちと国旗のいわれ

<国の成り立ち>カリブ海の小アンティル諸島南部にあるトリニダード島とトバゴ島の2島とその属領からなる国。トリニダード島は、島にある3つの山をキリスト教の教義の三位一体になぞらえて、スペイン人が名づけた。1498年にコロンブスが「発見」して以来、200年以上スペインの支配を受けた。1889年イギリスの植民地となった。1962年に独立。1976年に共和制へ移行。

<国旗のいわれ>赤は国土と国民の活力、黒は統一への努力、2本の白い線は両島と国民の平等を表している。独立以前は、他のイギリス海外領土と同様に、カントン部分に英国国旗を置いた青地の旗「ブルー・エンサイン」をベースにしたものを使用し、ヨーロッパからの帆船が到着した様子を描いた円形の図柄があしらわれていた。

国名の現地公用語での表記

英語　Republic of Trinidad and Tobago

ニカラグア共和国

Republic of Nicaragua

国名コード　NIC
首都の位置
北緯12.09：西経86.16

現国旗の縦横の比率
3：5

国の成り立ちと国旗のいわれ

＜国の成り立ち＞中央アメリカ中部、東はカリブ海、西は太平洋に面する国。1502年にコロンブスにより「発見」、スペインの植民地となる。1821年に独立。同年メキシコ帝国に併合されるが、1823年中央アメリカ連邦として独立し、1838年に単独国家として完全独立をはたす。

＜国旗のいわれ＞青は太平洋とカリブ海を、白は正義を表す。中央の国章には、旧中央アメリカ連邦5カ国を示す5つの火山、自由のシンボルの帽子、平和の象徴の虹が描かれ、その周囲にはスペイン語で「REPUBLICA DE NICARAGUA」「AMERICA CENTRAL」（中央アメリカ・ニカラグア共和国）と記されている。

独立年	1821年にスペインから独立
首都	マナグア
面積	12万9,541km²（北海道と九州を合わせた大きさ）
人口	約617万人（2014年）
主な言語	スペイン語
宗教	カトリック、プロテスタント等
政体	共和制
民族	混血（70％）、ヨーロッパ系（17％）、アフリカ系（9％）、先住民（4％）
主要な通貨	コルドバ・オロ（NIO）
主な対日輸出品	コーヒー、牛肉、ゴマ
日本との国交	あり
現国旗制定年	1971年8月27日

国名の現地公用語での表記

スペイン語　　República de Nicaragua

ハイチ共和国
Republic of Haiti

- 国名コード HTI
- 首都の位置 北緯18.32：西経72.20
- 現国旗の縦横の比率 3：5

独立年	1804年にフランスから独立
首都	ポルトープランス
面積	2万7,750km²（北海道の約3分の1の大きさ）
人口	1,046万人（2014年）
主な言語	フランス語、クレオール語（共に公用語）
宗教	キリスト教（カトリック等）、ブードゥー教等
政体	立憲共和制
民族	アフリカ系（90％）、その他混血
主要な通貨	グルド（HTG）
主な対日輸出品	衣類、コーヒー豆
日本との国交	あり
現国旗制定年	1986年2月25日

国の成り立ちと国旗のいわれ

<国の成り立ち>カリブ海の西インド諸島の大アンティル諸島内のイスパニョーラ島西部に位置する。東はドミニカ共和国と国境を接する。1492年コロンブスがイスパニューラ島を「発見」。1697年にフランス領となった。18世紀末から独立運動がおこり、1804年に世界初の黒人国家として独立を果たした。

<国旗のいわれ>青はアフリカ系黒人、赤は白人と黒人の混血（ムラート）を表している。中央の国章には、自由の象徴のフリギア帽がついたヤシの木、国旗や大砲などが描かれ、その下のリボンには国の標語「L'union Fait La Force（団結は力なり）」がフランス語で記されている。

国名の現地公用語での表記

ハイチ語	Repiblik d Ayiti
フランス語	République d'Haïti

パナマ共和国
Republic of Panama

国名コード　PAN

首都の位置　北緯8.57：西経79.30

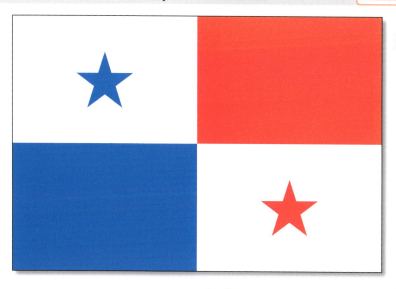

現国旗の縦横の比率　2：3

国の成り立ちと国旗のいわれ

＜国の成り立ち＞北アメリカ大陸と南アメリカ大陸の境にある国。1501年にスペインの探検家バスティーダスが「発見」。以来、スペインの支配下にあったが、1821年にグラン・コロンビア共和国の一州となり独立。その後はコロンビアの一部となったが1903年に分離独立している。

＜国旗のいわれ＞独立に力を貸したアメリカ合衆国国旗をモデルに作られた。赤と青は独立当時の2大政党である自由党と保守党を表し、白は両党の協力と平和を表している。青い星は誠実さを、赤い星は権威と法律を示している。

独立年	1821年にスペインから独立
首都	パナマシティ
面積	7万5,517km²（北海道よりやや小さい）
人口	約387万人（2014年）
主な言語	スペイン語
宗教	カトリック
政体	立憲共和制
民族	混血（70%）、先住民（7%）等
主要な通貨	バルボア（PAB）
主な対日輸出品	船舶、コーヒー、牛肉、エビ
日本との国交	あり
現国旗制定年	1903年12月20日

国名の現地公用語での表記

スペイン語　República de Panamá

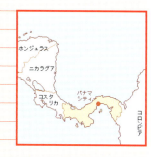

南北アメリカ

国名コード	BHS
首都の位置	北緯25.03：西経77.20

バハマ国
Commonwealth of The Bahamas

現国旗の縦横の比率　1：2

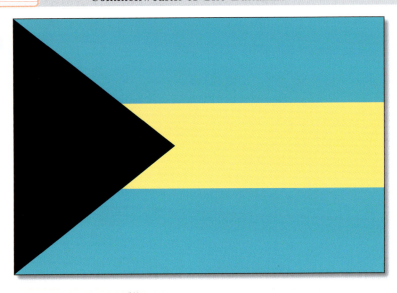

独立年	1973年にイギリスから独立
首都	ナッソー
面積	1万3,880km²（福島県とほぼ同じ）
人口	38万3,000人（2014年）
主な言語	英語（公用語）
宗教	キリスト教（プロテスタント、カトリック等）等
政体	立憲君主制
民族	アフリカ系（85％）、欧州系白人（12％）、アジア系及びヒスパニック系（3％）
主要な通貨	バハマ・ドル（BSD）
主な対日輸出品	航空機用品、天然真珠、ラム酒
日本との国交	あり
現国旗制定年	1973年7月10日

国の成り立ちと国旗のいわれ

＜国の成り立ち＞北大西洋上にある約700の島々と2,400の岩礁や珊瑚礁の群からなる国。そのうち30の島に人が住んでいる。1492年コロンブスがバハマ諸島のサン・サルバドル島に上陸した。これがコロンブスによる新大陸発見となる。1783年のヴェルサイユ条約で正式にイギリス領となり、1973年に独立し、現国名になった。

＜国旗のいわれ＞アクアマリン色はカリブ海と大西洋を、黄色は太陽と黄金色の海岸の砂を、黒は国民の活力を、三角形は豊かな資源を開発する国民の活気を表している。

国名の現地公用語での表記

英語　Commonwealth of The Bahamas

バルバドス

Barbados

国名コード	BRB
首都の位置	北緯13.06：西経59.37

現国旗の縦横の比率 2：3

国の成り立ちと国旗のいわれ

＜国の成り立ち＞カリブ海の小アンティル諸島に位置する島国。1627年にイギリスの植民地となる。1958年に西インド連邦を結成するが、連邦は解体し、1966年に独立した。「リトル・イングランド」と呼ばれるほど、歴史的にイギリスとの関係が深く、他のカリブ海諸国以上にイギリス文化の影響を受けている。

＜国旗のいわれ＞青はカリブ海と空を、黄色は黄金色の砂を表している。中央には海神ネプチューンのシンボルであるトライデント（三又鉾）が描かれている。国旗の通称はThe Broken Trident（壊れた三叉槍）であり、あえてこの槍の折れた先端部分だけを国旗に付加することで、ヨーロッパ人による植民地支配からの決別と解放を象徴している。

独立年	1966年にイギリスから独立
首都	ブリッジタウン
面積	431km²（種子島とほぼ同じ）
人口	28万4,000人（2013年）
主な言語	英語
宗教	キリスト教（プロテスタント、カトリック等）等
政体	立憲君主制
民族	アフリカ系（約90％）、ヨーロッパ系、混血、インド系等
主要な通貨	バルバドス・ドル（BD.$）
主な対日輸出品	光学精密機器、ラム等蒸留酒
日本との国交	あり
現国旗制定年	1966年11月30日

国名の現地公用語での表記

英語	Barbados

国名コード	BLZ
首都の位置	北緯17.15：西経88.46

ベリーズ

Belize

現国旗の縦横の比率 2：3

独立年	1981年にイギリスから独立
首都	ベルモパン
面積	2万2,966km²（四国より少し大きい）
人口	34万人（2014年）
主な言語	英語（公用語）、スペイン語、クレオール語、マヤ語、ガリフナ語等
宗教	キリスト教（プロテスタント、カトリック等）等
政体	立憲君主制
民族	メスティーソ系（49%）、クレオール系（25%）、マヤ系（11%）、ガリフナ系（6%）、その他
主要な通貨	ベリーズ・ドル（BZD）
主な対日輸出品	果汁、天然真珠、調味料
日本との国交	あり
現国旗制定年	1981年9月21日

南北アメリカ

国の成り立ちと国旗のいわれ

＜国の成り立ち＞1492年コロンブスにより「発見」。18世紀に事実上のイギリス植民地となる。1862年ジャマイカ総督領に編入され、イギリス領ホンジュラスとして正式に宣言された。1973年に現国名へ改称、1981年に独立した。美しい海と珊瑚礁から「カリブ海の宝石」と呼ばれている。

＜国旗のいわれ＞青は海を、赤は国を守る決意を表している。中央の国章には、主要産業の木材業を象徴するマホガニーの木を中央に、両脇に櫂と斧をもった先住民が描かれ、造船と木材業の重要性を示している。下部にあるリボンには、国の標語「Sub Umbra Floreo（木陰の下で栄える）」という言葉がラテン語で書かれている。周囲には独立運動が始まった1950年を示す50枚の月桂樹の葉が描かれている。

国名の現地公用語での表記

英語　　Belize

ホンジュラス共和国
Republic of Honduras

国名コード	HND
首都の位置	北緯14.05：西経87.14

現国旗の縦横の比率 1：2

国の成り立ちと国旗のいわれ

＜国の成り立ち＞中央アメリカ中部、北はカリブ海、南は太平洋に面する国。1502年にコロンブスが渡来。1521年スペイン人コルテスにより征服される。その後、スペインの植民地となるが1821年に独立。1823年に中央アメリカ連邦に加盟。1838年、連邦解体と共にホンジュラス共和国として独立。

＜国旗のいわれ＞青は太平洋とカリブ海、白は国の統一と平和を、5つの星は希望を表すと同時に、旧連邦国の構成国を示しており、中央がホンジュラス、左上がグアテマラ、左下がエルサルバドル、右上がニカラグア、右下がコスタリカを意味している。

独立年	1821年にスペインから独立
首都	テグシガルパ
面積	11万2,492km²（日本の3分の1弱）
人口	810万人（2013年）
主な言語	スペイン語
宗教	伝統的にカトリック
政体	立憲共和制
民族	ヨーロッパ系・先住民混血（91％）、先住民（6％）、アフリカ系（2％）その他
主要な通貨	レンピーラ（HNL）
主な対日輸出品	コーヒー、衣類等
日本との国交	あり
現国旗制定年	1949年1月18日

国名の現地公用語での表記

スペイン語　República de Honduras

国名コード	MEX
首都の位置	北緯19.25：西経99.08

メキシコ合衆国

United Mexican States

現国旗の縦横の比率 4：7

独立年	1821年にスペインから独立
首都	メキシコシティ
面積	196万km²（日本の約5倍）
人口	約1億2,701万人（2015年）
主な言語	スペイン語
宗教	カトリック（国民の約90％）
政体	立憲民主制による連邦共和国
民族	欧州系と先住民の混血（60％）、先住民（30％）、欧州系（9％）その他
主要な通貨	ペソ（MXN）
主な対日輸出品	電気機器、一般機械、精密機器、塩、豚肉
日本との国交	あり
現国旗制定年	1968年9月16日

国の成り立ちと国旗のいわれ

＜国の成り立ち＞かつてはマヤ文明やアステカ帝国などの高度な文明が繁栄していた。1521年にアステカ帝国がスペイン人コルテスに滅ぼされると、スペインによる支配が300年あまり続いた。1810年に独立戦争がはじまり、1821年メキシコ帝国が建国された。1823年に帝政が崩壊、連邦共和国となる。

＜国旗のいわれ＞緑は独立、白はカトリック、赤は統一を表している。中央の国章は、1325年のアステカ帝国の首都テノチティトラン（現在のメキシコシティ）の創設を示している。また、国章に描かれた、湖の中央の岩に生えるサボテンに、蛇をくわえた鷲がとまっている絵柄は、アステカ神話の「そこに首都を創設せよ」という予言を示している。下部には右に勝利を表す月桂樹の枝葉、左に力を表すオークの枝葉が描かれている。

国名の現地公用語での表記

スペイン語　Estados Unidos Mexicanos

アルバ

Aruba

国名コード	ABW
政庁の位置	北緯12.30：西経69.58

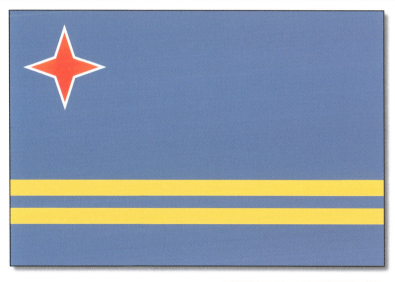

現地域旗の縦横の比率 2：3

国の成り立ちと国旗のいわれ

＜地域の成り立ち＞ベネズエラの北西沖に浮かぶ島。1636年にオランダ領となる。一時期イギリスが支配したが、ふたたびオランダの植民地となる。1954年にオランダ領アンティルの一部に組み込まれたが、1986年に自治領として分離した。現在に至るまでオランダの統治下にある。

＜旗のいわれ＞青は国際連合の青を採用したもので、空とカリブ海、平和とアルバの未来を、赤はアルバの赤土を、白は砂浜を、黄色は太陽と鉱物資源を表している。2本の黄色い線は、太陽の光に満たされたアルバを訪れる観光客と、観光客と同じくらいアルバが豊かになることでアルバの自立が可能になるという理念を表している。カントンの星は、アルバの4つの主要言語オランダ語、英語、スペイン語、パピアメント語を表すと同時に、東西南北さまざまな方角から先祖がやってきたことを示す。

独立年	1986年にオランダ領アンティルから分離、現在独立をめざしている
政庁	オラニェスタット
面積	193km²
人口	10万3,000人（2015年）
主な言語	オランダ語、パピアメント語（共に公用語）
宗教	カトリック（82%）、プロテスタント（8%）等
政体	オランダの統治下（高度な自治が認められた自治領）
民族	欧州系・先住民の混血（80%）等
主要な通貨	アルバ・フロリン（AWG）
主な対日輸出品	データ不明
日本との国交	あり
現地域旗制定年	1976年3月18日

国名の現地公用語での表記

オランダ語　Aruba

ケイマン諸島

Cayman Islands

国名コード	CYM
政庁の位置	北緯19.20：西経81.23
現地域旗の縦横の比率	1：2

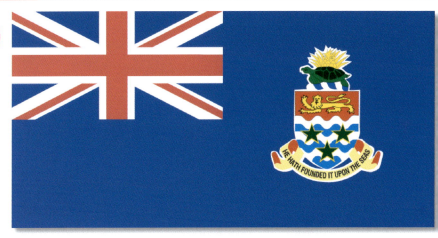

独立年	自治権をもつが、現在（2012年）に至るまでイギリスの海外領土
政庁	ジョージタウン
面積	264km²
人口	約5万3,000人（2013年）
主な言語	英語（公用語）
宗教	プロテスタント
政体	自治権を有するイギリスの海外領土
民族	欧州系白人と黒人の混血（50％）、欧州系（20％）、アフリカ系（30％）等
主要な通貨	ケイマン諸島・ドル（KYD）
主な対日輸出品	データ無し
日本との国交	あり
現地域旗制定年	1999年1月25日

国の成り立ちと国旗のいわれ

＜地域の成り立ち＞カリブ海、ジャマイカの北西部に位置するイギリスの海外領土。グランドケイマン島、ケイマンブラック島、リトルケイマン島の3島からなる。1670年にジャマイカとともにイギリス領となる。1962年にジャマイカは独立したが、海外植民地のまま現在に至る。

＜旗のいわれ＞カントン部分に英国国旗を置いた青地の旗「ブルー・エンサイン」をベースに、右中央にはケイマン諸島の紋章がある。紋章には、イギリスの象徴であるイングランド・ライオンと、白と水色の海を表す波模様の中に3つの緑の星（ケイマン諸島の3つの島）がある。盾の上にはロープ、その上にケイマン亀、パイナップルが描かれている。下部には、ケイマン諸島の標語「He hath founded it upon the seas（海で築く）」が英語で記されている。

国名の現地公用語での表記

英語　Cayman Islands

アメリカ領ヴァージン諸島

United States Virgin Islands

国名コード VIR
政府の位置
北緯18.21：西経64.56

現地域旗の縦横の比率 2：3

国の成り立ちと国旗のいわれ

<地域の成り立ち>カリブ海、西インド諸島のアメリカ合衆国の自治領。ヴァージン諸島の西側で、東側がイギリス領ヴァージン諸島。セントトーマス島、セントクロイ島、セントジョン島の主要3島と周辺の40の島々からなる。1493年にコロンブスが渡来。1733年にデンマーク領となるが、1917年にアメリカ合衆国がパナマ運河の防衛拠点にするためにデンマークから買い取った。1932年に自治権を得ている。

<旗のいわれ>アメリカの国章を模したデザインになっている。中央の白頭鷲はアメリカの国鳥、その足には勝利と栄光を示す月桂樹の葉、主要3島を象徴する3本の矢が握られている。鷲の両側には、ヴァージン諸島（Virgin Islands）の頭文字のVとIが置かれている。

独立年	自治権をもつが、現在（2012年）に至るまでアメリカ合衆国の海外領土
政庁	シャーロット・アマリエ
面積	355km²
人口	約10万4,000人（2013年）
主な言語	英語（公用語）、パトワ語
宗教	キリスト教
政体	政府、自治権を有するアメリカ合衆国海外領土
民族	黒人(79.7%)、白人(7.1%)、アジア系(0.5%)、混血その他(12.7%)
主要な通貨	アメリカ・ドル（USD）
主な対日輸出品	ラム酒、音響装置、測定用検査機器
日本との国交	あり
現地域旗制定年	1921年5月17日

国名の現地公用語での表記

英語　United States Virgin Islands

国名コード	VGB
政庁の位置	北緯18.30：西経64.30

イギリス領ヴァージン諸島

British Virgin Islands

現地域旗の縦横の比率 1：2

独立年	自治権をもつが、現在（2012年）に至るまでイギリスの海外領土
政庁	ロードタウン
面積	153km²
人口	約3万2,000人（2013年）
主な言語	英語（公用語）
宗教	キリスト教
政体	自治権を有するイギリスの海外領土
民族	黒人系（83.4％）、ヨーロッパ系（7％）、混血その他（9.6％）
主要な通貨	アメリカ・ドル（USD）
主な対日輸出品	印刷回路
日本との国交	あり
現地域旗制定年	1960年11月15日

国の成り立ちと国旗のいわれ

＜地域の成り立ち＞カリブ海、西インド諸島、ヴァージン諸島の東側の国。60あまりの島からなる。1493年にコロンブスに「発見」され、オランダの支配をへて、1672年にイギリス領となった。1967年には自治権を獲得。西のアメリカ領ヴァージン諸島とは緊密な関係にある。

＜旗のいわれ＞カントン部分に英国国旗を置いた青地の旗「ブルー・エンサイン」をベースに、イギリス領ヴァージン諸島の紋章が描かれている。盾の中央には聖ウルスラが描かれており、その両側に聖ウルスラに従って船出した11,000人の乙女を象徴する11個の金色のランプが描かれ、その下にラテン語で「VIGILATE（用心深くあれ）」というイギリス領ヴァージン諸島の標語が記されている。

国名の現地公用語での表記

英語　British Virgin Islands

バミューダ島

The Bermuda

国名コード	SEN
政庁の位置	北緯32.17：西経64.46

現地域旗の縦横の比率 1：2

国の成り立ちと国旗のいわれ

＜地域の成り立ち＞北大西洋の諸島でイギリスの海外領土。1684年にイギリスの植民地となる。1995年にイギリスからの独立を問う住民投票が行われたが否決されている。

＜旗のいわれ＞カントン部分に英国国旗を置いた赤地のレッド・エンサイン（商船旗）を基にしたもの。右中央にはバミューダの紋章が描かれている。1999年までは、紋章が現行のものよりも少し小さい。紋章の赤いライオンはイギリスを象徴し、盾には嵐の中の難破船が描かれている。これは1609年にアメリカ東部のバージニアへ向かったシー・ベンチャー号を表す。同船は大西洋を横断中に、大嵐にあって難破し、バミューダに漂着した。船員は島の木材と廃材で新たな船を建造しバージニアへ向かう。これがバミューダへのイギリスの植民の始まりとなった。

国名の現地公用語での表記

英語　The Bermudas or Somers Islands

独立年	現在（2012年）に至るまでイギリスの海外領土
政庁	ハミルトン
面積	53.3km²
人口	約6万5,000人（2014年）
主な言語	英語、ポルトガル語（共に公用語）
宗教	キリスト教（プロテスタント多宗派、カトリック）
政体	イギリスの海外領土
民族	黒人（60％）、白人、混血等
主要な通貨	バミューダ・ドル（BMD）
主な対日輸出品	集積回路、ラム酒、紙類
日本との国交	あり
現地域旗制定年	1910年10月4日

201

国名コード	PRI
政庁の位置	北緯18.28：西経66.07

プエルトリコ米国自治連邦区
Commonwealth of Puerto Rico

現地域旗の縦横の比率 2：3

独立年	自治権はあるが、現在（2012年）に至るまでアメリカの海外領土
政庁	サンファン
面積	9,104km²
人口	約367万4,000人（2013年）
主な言語	スペイン語、英語（共に公用語）
宗教	キリスト教
政体	アメリカ合衆国による自治領
民族	白人（75.8％）、黒人（3.3％）、アジア系（0.2％）、その他（3.3％）
主要な通貨	アメリカ・ドル（USD）
主な対日輸出品	薬品、有機化学品
日本との国交	あり
現地域旗制定年	1952年7月25日

国の成り立ちと国旗のいわれ

1508年に征服者フアン・ポンセ・レオンにより征服されスペイン領になる。独立運動の結果、1898年に自治政府が成立したが、米西戦争でアメリカに占領されアメリカ領となった。1952年にアメリカのコモンウェルスとして内政自治権獲得。1998年にはアメリカ合衆国の州昇格を問う住民投票が行われたが否決された。

＜旗のいわれ＞キューバの国旗とデザインが同じだが、青と赤の配色が反対。青の部分はもともと水色だったが、1952年にアメリカ自治領となった際に、星条旗と同じ濃い青に変更された。白い星はプエルトリコ、青い三角形は立法、司法、行政を表す。赤は国民の血、白は人権と個人の自由を表している。

国名の現地公用語での表記
英語
Commonwealth of Puerto Rico
スペイン語
Estado Libre Asociado de Puerto Rico

＜地域の成り立ち＞1493年にコロンブスが渡来。

アルゼンチン共和国
Argentine Republic

国名コード ARG
首都の位置
南緯34.37：西経58.23

現国旗の縦横の比率
1：2

国の成り立ちと国旗のいわれ

＜国の成り立ち＞ 南アメリカ大陸南部、大西洋に面する国。1516年にスペインの探検家ファン・ディアス・デ・ソリスが最初のヨーロッパ人として渡来。スペインの植民地となったが、1810年の五月革命を皮切りに独立運動がおこり、1816年に独立を果たした。

＜国旗のいわれ＞ 青白青の三層の色は、五月革命の際の帽章の色に由来する。旗そのものは、マヌエル・ベルグラーノ将軍が考案した。水色は大空と国土を、白は北部から東部にかけて流れるラプラタ川と純粋さを表している。中央の太陽は「五月の太陽」とよばれ、インカ帝国の独立の象徴である太陽神を表し、ウルグアイの国旗にも採用されている。

独立年	1816年にスペインから独立
首都	ブエノスアイレス
面積	278万㎢（日本の約7.5倍）
人口	4,298万人（2014年）
主な言語	スペイン語
宗教	カトリック等
政体	立憲共和制
民族	欧州系（97%、スペイン・イタリア）、先住民族（3%）
主要な通貨	ペソ（ARS）
主な対日輸出品	銅鉱石、魚介類、アルミ
日本との国交	あり
現国旗制定年	1818年2月25日

国名の現地公用語での表記
カスティーシャ語　**República Argentina**

南北アメリカ

国名コード	URY
首都の位置	南緯34.53：西経56.11

ウルグアイ東方共和国

Oriental Republic of Uruguay

現国旗 縦横の比率 2：3

独立年	1828年にブラジルから独立
首都	モンテビデオ
面積	17万6,000km²（日本の約半分）
人口	342万人（2014年）
主な言語	スペイン語
宗教	キリスト教（カトリック）が多数
政体	立憲共和制
民族	欧州系（90％）、欧州系と先住民の混血（8％）、アフリカ系（2％）
主要な通貨	ペソ（UYU）
主な対日輸出品	羊毛、ラノリン、魚介類
日本との国交	あり
現国旗制定年	1830年7月11日

国の成り立ちと国旗のいわれ

＜国の成り立ち＞南アメリカ大陸南東部、大西洋に面する国。16世紀以降、スペインとポルトガルの係争地となったが、最終的にはスペインの植民地となった。その後、一時期ブラジル領となったが、1828年にイギリスの仲介により、ブラジルとアルゼンチンの間でモンテビデオ条約が結ばれ独立を果たす。

＜国旗のいわれ＞青と白の9本の帯は、当時の9つの県を表し、カントンの太陽は、アルゼンチンと同じく五月の太陽とよばれインカ帝国の独立を象徴する。アルゼンチンの国旗に似ているのは、独立を支援したアルゼンチンに敬意を表しているため。

国名の現地公用語での表記

スペイン語　República Oriental del Uruguay

エクアドル共和国

Republic of Ecuador

国名コード	ECU
首都の位置	南緯0.14 ; 西経78.30

現国旗の縦横の比率 1:2

国の成り立ちと国旗のいわれ

＜国の成り立ち＞南アメリカ大陸北西部、太平洋に面する国。エクアドルはスペイン語で赤道を意味し、北部を赤道が通っている。15世紀半ば以降はインカ帝国の支配下に入るが、スペイン人征服者ピサロらにインカ帝国を滅ぼされると、スペインの植民地となった。1822年に大コロンビア（コロンビア共和国）としてスペインから独立。1830年にはコロンビアより分離独立。

＜国旗のいわれ＞大コロンビアの国旗に由来。黄色は太陽と豊かな天然資源、青は空と海とアマゾン川、赤は独立のために流された血を表している。三色旗の中央は国章で、アンデスの鳥コンドル、国内最高峰のチンボラソ山、太陽、アマゾン川、商船などが描かれている。全国旗中、使用している色数が最も多いが、そのほとんどは中央に描かれている国章のものである。

国名の現地公用語での表記

スペイン語　República del Ecuador

独立年	1822年にスペインから独立
首都	キト
面積	25万6,000km²（本州よりやや大きい）
人口	1,542万人（2013年）
主な言語	スペイン語
宗教	カトリック
政体	共和制
民族	欧州系と先住民の混血（67%）、欧州系（12%）、先住民（22%）、アフリカ系・アフリカ系との混血（87%）
主要な通貨	アメリカ・ドル（USD）
主な対日輸出品	バナナ、魚粉、ウッドチップ、冷凍野菜
日本との国交	あり
現国旗制定年	1860年9月26日

国名コード	GUY
首都の位置	北緯6.46：西経58.10

ガイアナ共和国

Republic of Guyana

現国旗の縦横の比率 3：5

独立年	1966年にイギリスから独立
首都	ジョージタウン
面積	21万5,000km²（本州よりもやや小さい）
人口	80万4,000人（2014年）
主な言語	英語（公用語）、クレオール語等
宗教	キリスト教、ヒンドゥー教、イスラム教等
政体	立憲共和制
民族	インド系（44％）、アフリカ系（30％）、混血（17％）、先住民（9％）、その他（1％）
主要な通貨	ガイアナ・ドル（GYD）
主な対日輸出品	アルミニウム鉱、生きている鳥、ラム酒等蒸留酒
日本との国交	あり
現国旗制定年	1966年5月26日

国の成り立ちと国旗のいわれ

＜国の成り立ち＞南アメリカ北東部、大西洋に面する国。ガイアナ（ギアナ）は現地の言葉で豊かな国を意味する。1621年にオランダの西インド会社設立とともにオランダの支配下に入る。1814年にはイギリス領となり、1831年にイギリス領ギアナとなった、1966年に独立。1970年共和制へ移行。

＜国旗のいわれ＞鋭い三角形の鏃が描かれているため「ゴールデン・アロー旗（黄金の矢尻、金鏃旗）」とよばれている。緑は農業と豊かな森林を、白は川と水資源を、黄色は豊かな鉱物資源を、黒は忍耐を、赤は国家建設の情熱を表している。

国名の現地公用語での表記

英語	Republic of Guyana

コロンビア共和国

Republic of Colombia

国名コード	COL
首都の位置	北緯4.38：西経74.05

現国旗の縦横の比率 2：3

国の成り立ちと国旗のいわれ

＜国の成り立ち＞南アメリカ北西部にあり、北はカリブ海、西は太平洋に面する。16世紀以降スペインに支配されるが、19世紀はじめに独立運動がおこり10年近く続いた。1810年独立を宣言。1819年にはコロンビア共和国（大コロンビア）を形成。しかし、1830年ベネズエラとエクアドルが独立し、共和国は解体。残存部はヌエバグラナダ共和国となり、1886年にコロンビア共和国に改称した。

＜国旗のいわれ＞黄色はスペイン人が求めていた新大陸の黄金、赤はヨーロッパなどの旧大陸、青は両大陸が大西洋で結びついていることを象徴しているとされる。また、黄色は富や主権、正義、青は気高さ、忠誠、赤はスペインからの独立で流された血、寛容さを表すとも言われる。

独立年	1810年にスペインから独立
首都	ボゴタ
面積	113万9,000km²（日本の約3倍）
人口	4,770万人（2012年）
主な言語	スペイン語
宗教	カトリック
政体	立憲共和制
民族	混血（75%）、欧州系（20%）、アフリカ系（4%）、先住民（1%）
主要な通貨	ペソ（COP）
主な対日輸出品	コーヒー、切り花等
日本との国交	あり
現国旗制定年	1861年11月26日

国名の現地公用語での表記

スペイン語　República de Colombia

スリナム共和国

Republic of Suriname

国名コード	SUR
首都の位置	北緯5.49：西経55.10
現国旗の縦横の比率	2：3

独立年	1975年にオランダから
首都	パラマリボ
面積	16万3,820km²（日本の約2分の1）
人口	54万4,000人（2014年）
主な言語	オランダ語（公用語）、英語、スリナム語等
宗教	キリスト教（プロテスタント、カトリック等）、ヒンドゥー教、イスラム教等
政体	立憲共和制
民族	ヒンドゥー系（37％）、クレオール系（31％）、ジャワ系（15％）、マルーン系（10％）、先住民（2％）、中国系（2％）、白人（1％）
主要な通貨	スリナム・ドル（SRD）
主な対日輸出品	冷凍エビ、冷凍水産品、木材、動物
日本との国交	あり
現国旗制定年	1975年11月25日

国の成り立ちと国旗のいわれ

＜国の成り立ち＞南アメリカ北東部に位置し、面積、人口ともに南アメリカ最小の独立国。15世紀末にスペイン人に「発見」される。1650年にイギリスの植民地となったが、1667年のブレダ条約でオランダはニューアムステルダム（現ニューヨーク）とスリナムを交換し、以降はオランダ領となった。1975年に独立を果たし、オランダ領ギニアから現国名へ改称している。

＜国旗のいわれ＞独立前には、インド系、インドネシア系、アフリカ系、中国系など、さまざまな民族を象徴する5つの星が描かれていた。現在の国旗は、中央に黄色い星がひとつあり、他民族との団結と国の幸福な未来を表している。また、緑は豊かな国土、白は自由と正義、赤は進歩と繁栄を象徴している。

国名の現地公用語での表記

オランダ語　　Republiek Suriname

チリ共和国
Republic of Chile

国名コード	CHL
首都の位置	南緯33.26：西経70.40

現国旗の縦横の比率 2：3

国の成り立ちと国旗のいわれ

＜国の成り立ち＞南アメリカ南西部、約4,300kmにわたって南北にのびる細長い国。16世紀にスペインの植民地になるが、南アメリカ各国をスペインから独立させるために活躍したアルゼンチンのサンマルチン将軍の支援をえて、1818年に独立を果たす。

＜国旗のいわれ＞独立前の1817年に、アメリカの星条旗をもとにして考案されたデザイン。青は空、白はアンデス山脈の雪、赤は独立のために流された血を表す。また、白い星は国の進歩と名誉を表している。

独立年	1818年にスペインから独立
首都	サンティアゴ
面積	75万6,000km²（日本の約2倍）
人口	1,776万人（2014年）
主な言語	スペイン語
宗教	カトリック（全人口の88%）
政体	立憲共和制
民族	スペイン系（75%）、その他の欧州系（20%）、先住民（5%）
主要な通貨	ペソ（CLP）
主な対日輸出品	銅鉱，太平洋サケ，モリブデン精鉱
日本との国交	あり
現国旗制定年	1817年10月18日

国名の現地公用語での表記

スペイン語　República de Chile

南北アメリカ

国名コード	PRY
首都の位置	南緯25.17：西経57.38

パラグアイ共和国

Republic of Paraguay

現国旗の縦横の比率 3：5

独立年	1811年にスペインから独立
首都	アスンシオン
面積	40万6,752km²（日本の約1.1倍）
人口	692万人（2014年）
主な言語	スペイン語、グアラニー語（ともに公用語）
宗教	カトリック
政体	立憲共和制
民族	白人と先住民との混血（95％）、先住民（2％）、欧州系（2％）、その他（1％）
主要な通貨	グアラニー（PYG）
主な対日輸出品	ごま、大豆
日本との国交	あり
現国旗制定年	1842年11月27日

国の成り立ちと国旗のいわれ

＜国の成り立ち＞ 南アメリカ中央南部の内陸国。16世紀からスペイン領となるが1811年に独立。

＜国旗のいわれ＞ 世界で唯一、表と裏のデザインが異なる国旗。表の中央には国章が描かれている。国章には独立を記念する五月の星、勝利を意味する椰子、平和の象徴のオリーブの葉、その周囲に国名を記したリボンが描かれている。裏には国庫の証印があり、自由の帽子とライオン、国の標語である「平和と正義」と記したリボンを配している。赤は正義、白は平和、統一、純粋さ、青は寛大さと現実を表す。

国名の現地公用語での表記

スペイン語	República del Paraguay
グアラニー語	Tetã Paraguái

ブラジル連邦共和国
Federative Republic of Brazil

国名コード	BRA
国の位置	南緯15.48：西経47.53

現国旗の縦横の比率 7：10

国の成り立ちと国旗のいわれ

＜国の成り立ち＞ 南アメリカ大陸最大の国。南北アメリカ大陸で唯一のポルトガル語圏であると同時に、世界最大のポルトガル語使用人口を擁する。1500年ポルトガル人ペードロ・アルヴァレス・カブラルが来航。16世紀以降ポルトガルの植民地となる。1807年ナポレオン戦争でフランス軍がポルトガルに侵攻すると、ポルトガル王室はこの地に逃れた。1822年にブラジル帝国として独立。1889年共和制に移行。

＜国旗のいわれ＞ 緑は森林を、黄色は金と鉱物資源を象徴している。中央の円は共和政が樹立された日（1889年11月15日）の朝（8時30分）のリオデジャネイロの空を表している。円内の27個の星はそれぞれブラジル連邦共和国を構成する26州と1連邦直轄区を表す。そのためアメリカ合衆国の国旗のように、州が増える度に星の数も増えるという性格を持つ。中央の白い帯は黄道を表している。帯には国の標語「秩序と進歩」と記されている。

独立年	1822年にポルトガルから独立
首都	ブラジリア
面積	851万2,000㎢（日本の約22.5倍）
人口	約2億40万人（2014年）
主な言語	ポルトガル語
宗教	キリスト教（カトリック約65％、プロテスタント約22％）、無宗教（1.1％）
政体	連邦共和制（大統領制）
民族	欧州系（48％）、混血（43％）、その他（アフリカ系・東洋系等）
主要な通貨	レアル（BRL）
主な対日輸出品	鉄鉱石、肉類、非鉄金属
日本との国交	あり
現国旗制定年	1992年5月11日

国名の現地公用語での表記

ポルトガル語

República Federativa do Brasil

南北アメリカ

ベネズエラ・ボリバル共和国

Bolivarian Republic of Venezuela

国名コード　VEN
首都の位置
北緯10.30：西経66.54

現国旗の縦横の比率
2：3

独立年	1811年にスペインから独立
首都	カラカス
面積	91万2,050km²（日本の約2.4倍）
人口	2,990万人（2012年）
主な言語	スペイン語（公用語）
宗教	カトリック
政体	立憲共和制
民族	混血（51.6％）、白人（43.6％）、黒人（2.9％）、アフリカ系（0.7％）、その他（1.2％）
主要な通貨	ボリバル・フエルテ（VEF）
主な対日輸出品	アルミ地金、鉄鉱石、カカオ豆
日本との国交	あり
現国旗制定年	2006年3月12日

国の成り立ちと国旗のいわれ

＜国の成り立ち＞1498年にコロンブスが渡来、以来スペインの植民地となる。1811年にベネズエラ第一共和国として独立。しかし、間もなく国は崩壊。シモン・ボリバル率いる解放軍の働きで、コロンビアとともに1819年に大コロンビア共和国を建国。1830年に分離独立している。1999年国名がベネズエラ・ボリバル共和国に改称された。

＜国旗のいわれ＞1806年に、フランシスコ・デ・ミランダが率いる自由解放隊がベネズエラを訪れたときに、船に掲げていた旗がもとになっている。黄色は新大陸の金や国の豊かさ、赤は国民の勇気と血、青は大西洋を表す。中央のアーチ状に並んだ星は、独立当初の州の数7つから、2006年チャベス大統領の意向により8つに増やされた。また同年、紋章の馬の進む向きが右から左に変わっている。

国名の現地公用語での表記

スペイン語

República Bolivariana de Venezuela

ペルー共和国
Republic of Peru

国名コード　PER
首都の位置
南緯12.03：西経77.02

現国旗の縦横の比率　3：5

国の成り立ちと国旗のいわれ

＜国の成り立ち＞南アメリカ北西部の太平洋に面する国。紀元前から多くの古代文明が栄えていた。16世紀までは当時最大級の帝国だったインカ帝国の中心地だったが、インカ帝国がスペイン人征服者ピサロらによって滅ぼされて以降、スペインの植民地となる。1821年に独立。

＜国旗のいわれ＞赤と白は南アメリカの独立運動家ホセ・サンマルティン(ペルー初代国家元首)が考案した独立旗からとられているが、赤い翼と白い胸を持つフラミンゴに由来するという伝承もある。現在では赤は独立を守るために戦う勇気と愛国心、白は平和と名誉と解釈されている。中央の国章にはペルーを象徴する3つの図柄、ビクーニャ(ラクダ科)は多様な動物を、キナの木は豊かな植生を、角飾りから溢れる硬貨は豊富な鉱産資源を表している。

独立年	1821年にスペインから独立
首都	リマ
面積	約129万km²（日本の約3.4倍）
人口	約3,115万人（2015年）
主な言語	スペイン語、ケチュア語、アイマラ語等
宗教	カトリック
政体	立憲共和制
民族	先住民（45%）、混血（37%）、欧州系（15%）、その他（3%）
主要な通貨	ヌエボ・ソル（PEN）
主な対日輸出品	銅、魚粉、亜鉛、銀
日本との国交	あり
現国旗制定年	1825年2月25日

国名の現地公用語での表記

スペイン語　　　　　República del Perú
ケチュア語、アイマラ語　Piruw Republika

国名コード	BOL
首都の位置	南緯16.30：西経68.08

ボリビア多民族国
Plurinational State of Bolivia

現国旗の縦横の比率 2：3

独立年	1825年にスペインから独立
首都	ラパス（憲法上の首都はスクレ）
面積	110万km²（日本の約3倍）
人口	1,005万9,000人（2014年）
主な言語	スペイン語及びケチュア語、アイマラ語を中心に先住民言語36言語
宗教	カトリック
政体	立憲共和制
民族	先住民41%、非先住民59%
主要な通貨	ボリビアーノス（BOB）
主な対日輸出品	亜鉛鉱、鉛鉱、ごま、大豆
日本との国交	あり
現国旗制定年	1888年7月14日

国名の現地公用語での表記

スペイン語	Estado Plurinacional de Bolivia
ケチュア語	Bulibiya Suyu
アイマラ語	Buliwiya Mama Llaqta

国の成り立ちと国旗のいわれ

＜国の成り立ち＞南アメリカ中央部の内陸国。かつてはインカ帝国の土地だったが、16世紀に帝国が崩壊後はスペインの植民地となる。1825年に独立。ラテンアメリカの解放者として知られるシモン・ボリバル将軍と、アントニオ・ホセ・スクレ将軍をたたえて、国名をボリビア、首都をスクレと名づけた。

＜国旗のいわれ＞1851年に赤、黄、緑の三色旗を制定。1888年には国章を配した。中央の国章を省いたものを国旗として扱う場合も多い。赤はボリビアを解放に導いた英雄達の血と動物資源、黄は豊かな鉱産資源、緑は国土と森林資源を表す。中央の国章には、国獣であるアルパカ、日の出、アンデス山脈に生息するコンドル、独立を表す銃、自由を表すフリギア帽と斧、平和の象徴である月桂樹などが描かれている。また10の星は、ボリビアを構成する9つの県、および1879-1884年の隣国チリとの戦争で失われた太平洋岸の領土（リトラル県）を象徴する。

オセアニア

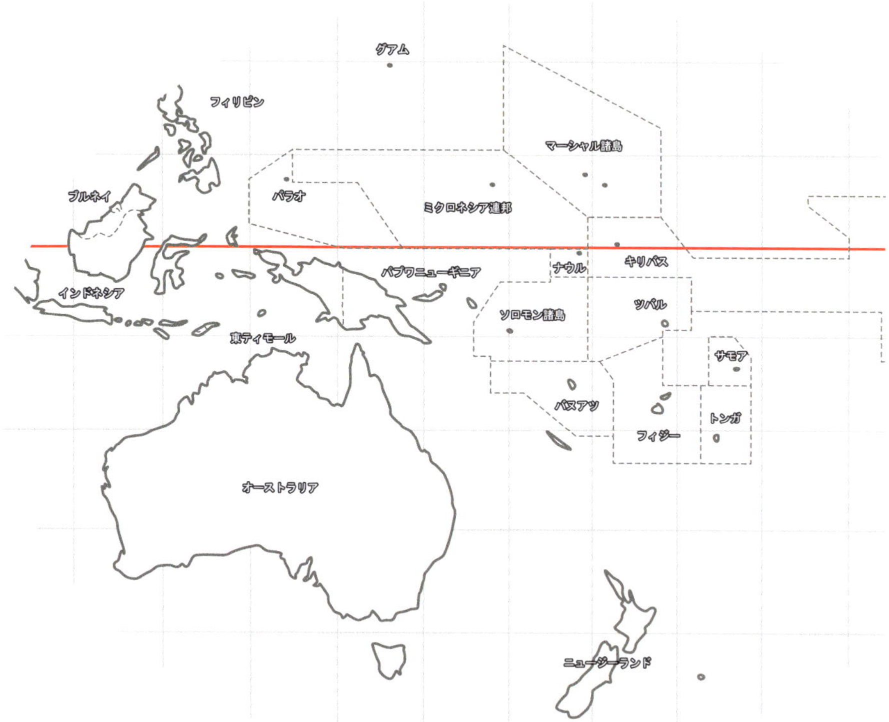

グアム

フィリピン

マーシャル諸島

ブルネイ

パラオ

ミクロネシア連邦

インドネシア

パプアニューギニア

ナウル

キリバス

ソロモン諸島

ツバル

東ティモール

サモア

バヌアツ

トンガ

フィジー

オーストラリア

ニュージーランド

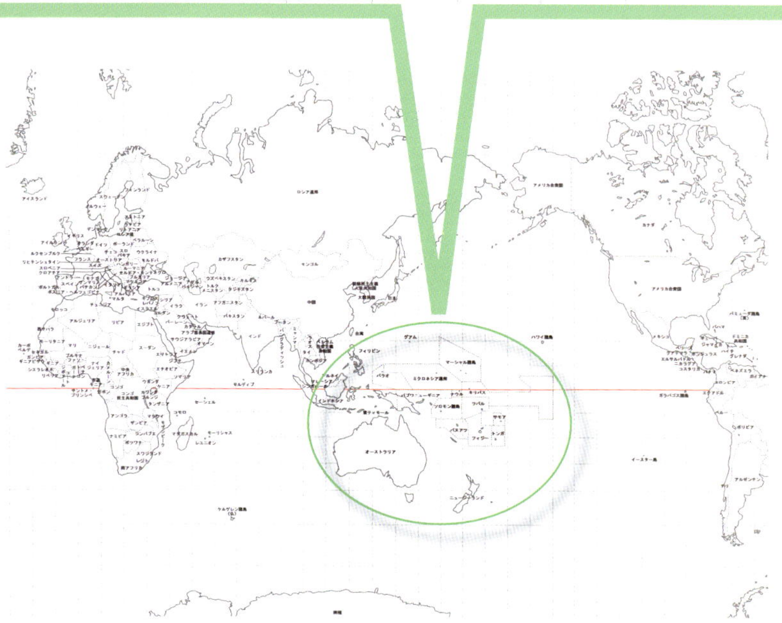

オセアニア

国名コード	AUS
首都の位置	南緯35.17：東経149.08

オーストラリア連邦
The Commonwealth of Australia

現国旗の縦横の比率　10：19

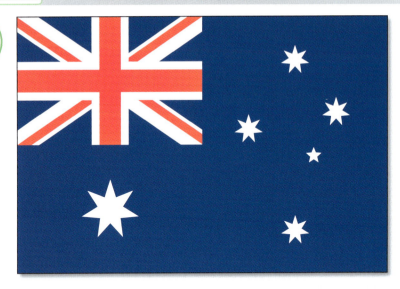

独立年	1901年にイギリスから独立
首都	キャンベラ
面積	769万2,024km²（日本の約20倍）
人口	約2,391万人（2015年）
主な言語	英語
宗教	キリスト教（64％）、無宗教（19％）
政体	立憲君主制
民族	アングロサクソン系等欧州系が中心。その他に中東系、アジア系、先住民等
主要な通貨	オーストラリア・ドル（AUD）
主な対日輸出品	石炭、鉄鉱石、石油ガス類、牛肉
日本との国交	あり
現国旗制定年	1954年4月14日

国の成り立ちと国旗のいわれ

＜国の成り立ち＞1770年イギリス人の探検家クックが現在のシドニー郊外、ボタニー湾に上陸しイギリスの領有を宣言する。1901年に国内6つのイギリスの植民地が集まり、オーストラリア連邦を結成、イギリスより事実上独立。1986年オーストラリア法制定。イギリスからの事実上の完全独立を獲得。

＜国旗のいわれ＞イギリスの「ブルー・エンサイン」をもとにしている。カントンに、イギリスとのつながりを象徴する英国国旗を、右に国土が南半球にあることを示す南十字星を、そして左下に6州1準州を象徴する7角星を配している。1901年9月3日に初めて掲揚された。1954年に国旗法1953に基づいて正式に国旗として制定。

国名の現地公用語での表記

英語　　The Commonwealth of Australia

キリバス共和国
Republic of Kiribati

国名コード	KIR

首都の位置
北緯1.25：東経173.00

現国旗縦横の比率
1：2

国の成り立ちと国旗のいわれ

＜国の成り立ち＞ 太平洋上のギルバート諸島、フェニックス諸島、ライン諸島の一部からなる国。国名は1788年にイギリス人ギルバート大佐が上陸したことから、ギルバート諸島（Gilbert Islands）と呼ばれたことに由来する。1892年にイギリス保護領。1979年に独立。

＜国旗のいわれ＞ イギリス領だったギルバート諸島とエリス諸島（現ツバル）のために1937年にデザインされた。上半分には希望の象徴である軍艦鳥が飛んでいる。下半分の青は太平洋、白い波線は主要な国土のギルバート諸島、フェニックス諸島、ライン諸島を示している。中央の太陽は、キリバスが日付変更線に近く、世界で一番早く太陽が昇る国であることを表している。しかし、2011年末にサモアが日付を一日早めたため、その地位を明け渡すことになった。

独立年	1979年にイギリスから独立
首都	タラワ
面積	730㎢（対馬とほぼ同じ）
人口	約11万人（2014年）
主な言語	キリバス語、英語（共に公用語）
宗教	キリスト教（カトリック、プロテスタント）
政体	共和制
民族	ミクロネシア系（98％）、その他ポリネシア系及び欧州人
主要な通貨	オーストラリア・ドル（AUD）
主な対日輸出品	魚ならびに甲殻類、
日本との国交	あり
現国旗制定年	1979年7月12日

国名の現地公用語での表記

英語	Republic of Kiribati

217

国名コード	COK
首都の位置	南緯21.20：西経160.16

クック諸島
Cook Islands

現国旗の縦横の比率 1：2

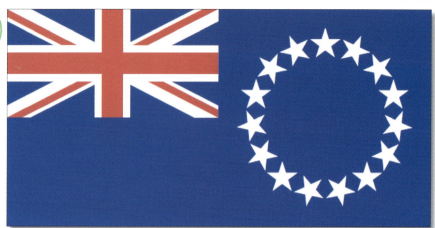

独立年	1965年にニュージーランドより独立
首都	ラロトンガ島アバルア
面積	約237km²(鹿児島県徳之島とほぼ同じ)
人口	約1万8,600人（2013年）
主な言語	クック諸島マオリ語、英語（共に公用語）
宗教	キリスト教
政体	立憲君主制
民族	ポリネシア系(クック諸島マオリ族81％)、混血ポリネシア系(15.4％)
主要な通貨	ニュージーランド・ドル（NZD）
主な対日輸出品	にしん及びたら、果実または野菜ジュース
日本との国交	あり
現国旗制定年	1979年8月4日

国の成り立ちと国旗のいわれ

＜国の成り立ち＞ニュージーランドの北東約3,000km、フィジーとタヒチの間に位置し、15の島々からなるニュージーランドとの自由連合国。1773年にイギリスの航海家ジェームス・クックが初めて「発見」し、彼の名をとって名づけられた。1888年にイギリスの保護領となり、1901年にはニュージーランドの属領となった。1965年にニュージーランドとの自由連合協定を結び自治権が認められた。

＜国旗のいわれ＞カントン部分に英国国旗を置いた青地の旗「ブルー・エンサイン」をベースにしている。青地は太平洋を、白は平和を、右側の15個の星は、クック諸島を構成する15の島を表す。同じ大きさの星を環状に描いたことで、平等と統一を表している。

国名の現地公用語での表記

英語	Cook Islands
クック諸島マオリ語	Kūki 'Āirani

サモア独立国

Independent State of Samoa

国名コード	WSM
首都の位置	南緯13.48：西経171.45

現国旗の縦横の比率 1：2

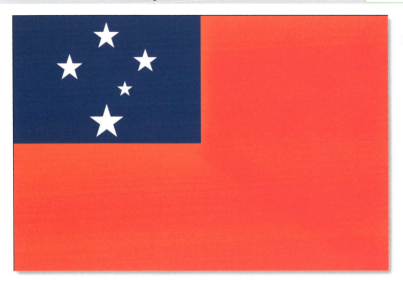

国の成り立ちと国旗のいわれ

＜国の成り立ち＞南太平洋の島国。1722年にオランダ人の探検家ヤーコブ・ロッヘフェーンが来航、19世紀半ば以降、捕鯨船の補給港として栄え、欧米列強が領有を争う。1899にドイツが西サモア（現在のサモア独立国）、アメリカが東サモア（現在のアメリカ領サモア）を領有。西サモアは1919年にニュージーランドの国際連盟委任統治地域となり、1945年国際連合信託統治地域をへて、1962年に独立。1997に現国名に改称。

＜国旗のいわれ＞イギリス商船旗（レッド・エンサイン）をベースにしている。カントン部分は南十字星。当初1948年にデザインされたときは、南十字星はニュージーランドの国旗のように星が4個だったが、1949年に5個に増やされ現在に至る。赤は勇気、白は純潔、青は自由を表す。

独立年	1962年にニュージーランドから独立
首都	アピア
面積	2,830km²（東京都の約1.3倍）
人口	19万1,800人（2014年）
主な言語	サモア語、英語（共に公用語）
宗教	キリスト教
政体	立憲君主制
民族	サモア人（ポリネシア系90％）、その他（欧州系混血、メラネシア系、中国系、欧州系等）
主要な通貨	サモア・タラ（WST）
主な対日輸出品	野菜、ジュース、びんながまぐろ
日本との国交	あり
現国旗制定年	1949年2月24日

国名の現地公用語での表記

英語	Independent State of Samoa
サモア語	Mālō Sa'oloto Tuto'atasi o Samoa

ソロモン諸島

Solomon Islands

国名コード	SLB
首都の位置	南緯9.32：東経160.12

現国旗 縦横の比率 1：2

独立年	1978年にイギリスから独立
首都	ホニアラ
面積	2万8,900km²（岩手県の約2倍）
人口	57万2,200人（2014年）
主な言語	英語（公用語）の他、ビジン英語（共通語）
宗教	キリスト教
政体	立憲君主制
民族	メラネシア系（94％）、その他ポリネシア系、ミクロネシア系、ヨーロッパ系、中国系
主要な通貨	ソロモン・ドル（SBD）
主な対日輸出品	木材、加工食品
日本との国交	あり
現国旗制定年	1977年11月18日

国の成り立ちと国旗のいわれ

＜国の成り立ち＞南太平洋、ニューギニア島の東に位置し、首都があるガダルカナル島は第二次世界大戦で、日本軍とアメリカ軍の激戦地になったことで知られる。1568年にスペイン人探検家アルバロ・デ・メンダーニャ・デ・ネイラが来航。1893年にイギリスの植民地になる。1978年に独立

＜国旗のいわれ＞青は太平洋と水資源を、黄色は太陽、緑は肥沃な大地を表している。カントンの5個の星は南十字星を表すとともに、主要な5つの島（ガダルカナル島、サンクリストバル島、マレータ島、サンタイサベル島、チョイスル島）を示している。

国名の現地公用語での表記

英語　　Solomon Islands

ツバル
Tuvalu

国名コード	TUV
首都の位置	南緯8.31：東経179.13

現国旗の縦横の比率 1：2

国の成り立ちと国旗のいわれ

＜国の成り立ち＞南太平洋、エリス諸島にある島国。1892年にギルバート・エリス諸島としてイギリスの保護領となった。1975年には分離し、ツバルと改称し1978年に独立した。ツバルには、ツバル語で「8つの島の人達が協力して国を作っていこう」という意味が込められている。これは、1978年にイギリスから独立したときにツバルで人が住める島が8つだったことに由来。近年、海抜の低さから海面上昇に対して極めて弱いことが問題となっている。

＜国旗のいわれ＞カントン部分に英国国旗を置いた青地の旗「ブルー・エンサイン」をベースにしている。星はツバルの9つの島々を表し、旗が縦に掲揚されたときに地理的に正しくされるようデザインされている。1995年には英国国旗を使用していない国旗が一時的に採用されたが、1997年に現在の国旗に戻された。

独立年	1978年にイギリスから独立
首都	フナフチ
面積	25.9km²
人口	約9,900人（2013年）
主な言語	英語、ツバル語（ポリネシア系言語でサモア語に近い）
宗教	キリスト教（プロテスタント）国民のほとんどがツバル教会に属する
政体	立憲君主制
民族	ポリネシア系（若干ミクロネシア系が混合）
主要な通貨	オーストラリア・ドル（AUD）
主な対日輸出品	魚介類
日本との国交	あり
現国旗制定年	1997年4月11日

国名の現地公用語での表記

英語・ツバル語

Tuvalu

トンガ王国

Kingdom of Tonga

国名コード	TON
首都の位置	南緯21.07：西経175.12

現国旗の縦横の比率　5：8

独立年	1970年にイギリスから独立
首都	ヌクアロファ
面積	720km²（対馬とほぼ同じ）
人口	10万5,586人（2014年）
主な言語	英語、トンガ語（共に公用語）
宗教	キリスト教（カトリック、モルモン教等）
政体	立憲君主制
民族	ポリネシア系（若干ミクロネシア系が混合）
主要な通貨	パ・アンガ（TOP）
主な対日輸出品	かぼちゃ、まぐろ類
日本との国交	あり
現国旗制定年	1875年11月4日

国の成り立ちと国旗のいわれ

＜国の成り立ち＞南太平洋の約170の島々からなるトンガ諸島の国。トンガ語でトンガは南を意味する。1616年にオランダ人探検家がはじめてこの地に渡来したときには、すでに王国が栄えていた。18世紀後半イギリス人探検家ジェームズ・クック来航。1900年にイギリスの保護領となる。1970年に独立。

＜国旗のいわれ＞旗の原型は1862年に国王ジョージ・ツボウ1世により考案された、白地に赤十字を配したものだった。しかし、1866年に白地のカントンに赤十字を配した新しい旗をデザインし、1875年に国旗として制定された。赤十字は信仰心を、白は純潔を、赤地はキリストが人々を救うために流した血を表している。

国名の現地公用語での表記

| 英語 | Kingdom of Tonga |
| トンガ語 | Pule'anga Fakatu'i 'o Tonga |

ナウル共和国
Republic of Nauru

国名コード	NRU
首都の位置	南緯0.32：東経166.55

現国旗の縦横の比率 1：2

国の成り立ちと国旗のいわれ

＜国の成り立ち＞太平洋南西部ナウル島にある国。バチカン、モナコに次いで面積が小さく、バチカン、ツバルに次いで人口も少ない。1798年にイギリスの捕鯨船がナウル島を「発見」。1888年にドイツ領となる。1920年にオーストラリア・ニュージーランド・イギリスの3国による国際連盟の委任統治領となる。1942年には日本に占領されたが、戦後ふたたび3国による国連信託統治地域となり、1968年に独立した。

＜国旗のいわれ＞ナウルの地理的位置を示すデザインになっている。黄色の横線は赤道を、青地は太平洋を、白い星は赤道から少し南にあるナウルを示している。星が放つ12本の光は、ナウルの12の原住民族を示す。

独立年	1968年にオーストラリア、イギリス、ニュージーランドから独立
首都	ヤレン（正式の首都なし）
面積	21.1km²
人口	約1万人（2012年）
主な言語	英語（公用語）、ナウル語
宗教	キリスト教
政体	共和制
民族	ミクロネシア系
主要な通貨	オーストラリア・ドル（AUD）
主な対日輸出品	鉱物性生産品、魚介類、検査機器
日本との国交	あり
現国旗制定年	1968年1月31日

国名の現地公用語での表記

英語	Republic of Nauru
ナウル語	Republik Naoero

223

ニュージーランド
New Zealand

国名コード NZL
首都の位置
南緯41.17：東経174.47

現国旗の縦横の比率 1：2

独立年	1907年にイギリスから独立
首都	ウェリントン
面積	27万534km²（日本の約4分の3）
人口	約424万人（2013年）
主な言語	英語、マオリ語
宗教	キリスト教（55.6％）、無宗教（34.7％）
政体	立憲君主制
民族	欧州系（74％）、マオリ系（14.9％）、太平洋島嶼国系（7.4％）、アジア系（11.8％）、その他（1.7％）
主要な通貨	ニュージーランド・ドル（NZD）
主な対日輸出品	アルミニウム、酪農品、林産品、肉類、魚介類
日本との国交	あり
現国旗制定年	1902年6月12日

国の成り立ちと国旗のいわれ

＜国の成り立ち＞南太平洋、オーストラリア南東、北島と南島の2つの島と周辺の島々からなる。1642年にオランダの探検家タスマンにより「発見」。1769年にはイギリス人の探検家ジェームズ・クックが南北両島を探検し、その後、ヨーロッパ各地から移民が流入。1840年、イギリス代表と先住民マオリの伝統的首長とがワイタンギ条約に署名し、イギリスの植民地となる。1907年に自治領となり、1947年ウエストミンスター法を受諾。

＜国旗のいわれ＞カントン部分に英国国旗を置いた青地の旗「ブルー・エンサイン」をベースにしたデザイン。青は海と空を象徴している。フライ側にある4個の星は南十字星で、ニュージーランドが南太平洋に位置することを示している。星の中が赤いのは、赤が先住民マオリ人の神聖な色とされていることに由来している。

国名の現地公用語での表記

英語	New Zealand
マオリ語	Aotearoa

バヌアツ共和国
Republic of Vanuatu

国名コード　VUT
国の位置　南緯17.44：東経168.19

現国旗の縦横の比率　3：5

国の成り立ちと国旗のいわれ

＜国の成り立ち＞オーストラリアの北東、ニューヘブリデス諸島を中心にした80あまりの火山島と珊瑚礁島からなる国。1605年ポルトガル人の探検家キロスが来航。1906年以降はイギリスとフランスがニューヘブリデス諸島を共同統治領とすることで合意。1980年にイギリス連邦の一員として独立。

＜国旗のいわれ＞横向きのY字は、ニューヘブリデス諸島の形になぞらえている。黒は国民と国土を、赤は豚と人間の血、緑は農業を表している。黒地の紋章は、繁栄の象徴として古くから装飾に使われている豚の牙、その中のナメーレというシダは平和の象徴とされ、39枚の葉は国会の39議席を示している。

独立年	1980年にイギリス、フランスから独立
首都	ポートビラ
面積	1万2,190㎢（新潟県とほぼ同じ）
人口	約26万人（2014年）
主な言語	ビスラマ語（ピジン英語）、英語、フランス語（いずれも公用語）
宗教	キリスト教
政体	共和制
民族	イラネシア系（93％）、その他中国系、ベトナム系及び英仏人
主要な通貨	バツ（VUV）
主な対日輸出品	魚介類、肉類
日本との国交	あり
現国旗制定年	1980年2月13日

国名の現地公用語での表記

英語	Republic of Vanuatu
フランス語	République du Vanuatu
ビシュラマ語	Ripablik blong Vanuatu

国名コード	PNG
首都の位置	南緯9.27：東経147.11

パプアニューギニア独立国
Independent State of Papua New Guinea

現国旗の縦横の比率 3：4

独立年	1975年にオーストラリアから独立
首都	ポートモレスビー
面積	46万2,000km²（日本の約1.25倍）
人口	732万1,000人（2013年）
主な言語	英語（公用語）、ピジン英語、モツ語等
宗教	キリスト教、祖先崇拝等伝統的信仰も根強い
政体	立憲君主制
民族	メラネシア系
主要な通貨	キナ（PGK）
主な対日輸出品	金属原料、鉱物性燃料、木材、魚介類、コーヒー
日本との国交	あり
現国旗制定年	1971年7月1日

国の成り立ちと国旗のいわれ

＜国の成り立ち＞オーストラリアの北方、南太平洋のニューギニア島の東半分とその周辺の島々からなる。16世紀前半にポルトガル人メネセスが来航、パプアと命名。1884年ドイツがニューギニア北東部を保護領、イギリスがニューギニア南東部を保護領とする。1906年にはイギリス領ニューギニアがオーストラリア領となる。1914年にはオーストラリアがドイツ領ニューギニアも占領。1949年オーストラリアは南東部と北東部を一行政単位に統合して「パプアニューギニア」とした。1975年に独立。

＜国旗のいわれ＞赤と黒は長年パプアニューギニアの伝統色。赤地に描かれているのはアカガシラフウチョウという国鳥で、自由、統合、飛躍を表す。黒地には南十字星が描かれ、この国が南半球にあることを示すと同時に、オーストラリアとの関係も表している

国名の現地公用語での表記
英語
Independent State of Papua New Guinea
ピジン英語
Independen Stet bilong Papua Niugini

パラオ共和国

Republic of Palau

国名コード　PLW
首都の位置
北緯7.30：東経134.37

現国旗の縦横の比率
5：8

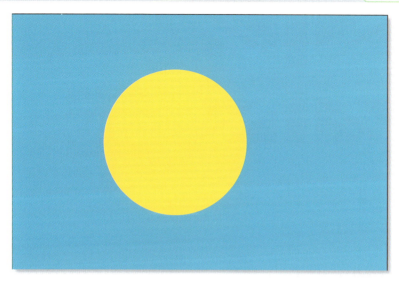

国の成り立ちと国旗のいわれ

＜国の成り立ち＞西太平洋、カロリン諸島にあるパラオ諸島からなる。約200の島々を含んでいる。16世紀にスペイン人がミクロネシアの島々を「発見」。1920年に国際連盟から日本の（パラオを含む）ミクロネシア（南洋群島）委任統治が認められ南洋庁が置かれる。1947年国連の太平洋信託統治領としてアメリカの統治がはじまる。1981年に自治政府が発足し、1994年に独立。アンガウル州では日本語が公用語。

＜国旗のいわれ＞青はパラオが太平洋に位置することを意味する。黄金色の円は満月を表し、パラオが独立国となったことを表す。なおこの満月はわずかに旗竿寄りにあるが、これは旗がはためいたときに、中央に見えるように配慮したためである。

独立年	1994年にアメリカから独立
首都	マルキョク
面積	488km²（屋久島とほぼ同じ）
人口	2万1,097人（2014年）
主な言語	パラオ語、英語
宗教	キリスト教
政体	大統領制
民族	ミクロネシア系
主要な通貨	アメリカ・ドル（USD）
主な対日輸出品	めばちまぐろ、きはだまぐろ、アルコール
日本との国交	あり
現国旗制定年	1981年1月1日

国名の現地公用語での表記

英語	Republic of Palau
パラオ語	Beluu ęr a Belau

227

フィジー共和国
Republic of Fiji

国名コード	FIJ
首都の位置	南緯18.08：東経178.26

現国旗の縦横の比率 1：2

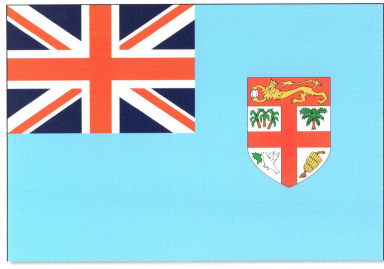

独立年	1970年にイギリスから独立
首都	スバ
面積	1万8,270km²（四国とほぼ同じ）
人口	約88万6,500人（2014年）
主な言語	英語（公用語）、フィジー語、ヒンディー語
宗教	キリスト教（52.9％）、ヒンズー教（38.2％）、回教（7.8％）
政体	共和制
民族	フィジー系（57％）、インド系（38％）、その他（5％）
主要な通貨	フィジー・ドル（FJD）
主な対日輸出品	魚介類、加工食品、木材
日本との国交	あり
現国旗制定年	1970年10月10日

国の成り立ちと国旗のいわれ

＜国の成り立ち＞南太平洋のフィジー諸島を中心とする国。1643年オランダ人探検家のタスマンがフィジー諸島の北部を「発見」。1774年イギリス人探検家クックが南部に上陸。1874年イギリスの植民地となる。1970年に独立。1987年共和制となる。

＜国旗のいわれ＞カントン部分に英国国旗を置いた青地の旗「ブルー・エンサイン」をベースにしている。独立以前は、青地が濃いものだったが、明るい水色に変更された。フライの紋章は、国章の盾の部分のみを採用。上にはイギリスの象徴であるライオンがカカオの実を抱えている姿が、その下にはイギリスの守護聖人である聖ジョージの十字、四分割されたエリアには、左上にはサトウキビ、左下にはオリーブの小枝をくわえた鳩、右上にはココナツの木、右下にはバナナが描かれている。

国名の現地公用語での表記

英語	Republic of Fiji
フィジー語	Matanitu ko Viti

マーシャル諸島共和国

Republic of the Marshall Islands

国名コード	MHL
国の位置	北緯7.09：東経171.12

現国旗の縦横の比率 10：19

国の成り立ちと国旗のいわれ

＜国の成り立ち＞太平洋上の島国。1528年スペイン人サーベドラが「発見」。スペインが領土権を宣言するが実質的には統治しなかった。1885年にドイツの保護領。1914年旧日本軍が無血占領し、1920年に国際連盟から委任統治が認められる。1947年からはアメリカの信託統治領となり、1986年に独立。

＜国旗のいわれ＞青は太平洋、白は明るさと希望、オレンジは富と勇気を表す。白とオレンジの斜線は赤道を示し、国が次第に発展していくことを表している。星の24本の光は、国内の24の地区を示し、星の光のうち4本が長いことでキリスト教の十字架をかたどりキリスト教徒が多いことを示している。また、白い星が2本の帯の上にあることで、マーシャルが赤道から少し北に位置することを示している。

独立年	1986年にアメリカから独立
首都	マジュロ
面積	180㎢（霞ヶ浦とほぼ同じ）
人口	5万2,634人（2013年）
主な言語	マーシャル語、英語
宗教	キリスト教（プロテスタント）
政体	大統領制
民族	ミクロネシア系
主要な通貨	アメリカ・ドル（USD）
主な対日輸出品	きはだまぐろ、かつお、めばちまぐろ
日本との国交	あり
現国旗制定年	1979年5月1日

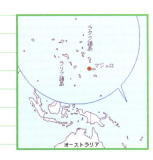

国名の現地公用語での表記

英語	Republic of the Marshall Islands
マーシャル語	**Aolepān Aorōkin Ṃajeḷ**

ミクロネシア連邦

Federated States of Micronesia

国名コード	FSM
首都の位置	北緯6.55：東経158.10
現国旗の縦横の比率	10：19

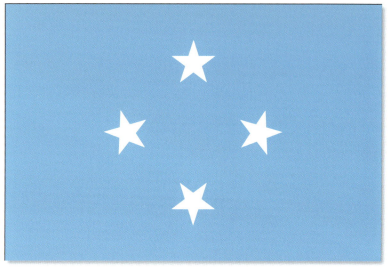

独立年	1986年にアメリカから独立
首都	パリキール
面積	700km²（奄美大島とほぼ同じ）
人口	約10万4,044人（2014年）
主な言語	英語、ヤップ語、チューク語、ポンペイ語、コスラエ語他、現地の4言語
宗教	キリスト教（プロテスタント、カトリック）
政体	大統領制
民族	ミクロネシア系
主要な通貨	アメリカ・ドル（USD）
主な対日輸出品	めばちまぐろ、きはだまぐろ、かつお等魚介類
日本との国交	あり
現国旗制定年	1979年11月10日

国の成り立ちと国旗のいわれ

＜国の成り立ち＞西太平洋、カロリン諸島の島々からなる国。1914年に日本は現在のミクロネシア連邦、パラオ、マーシャル、北マリアナを含むミクロネシア（南洋群島）を占領。1920年に国際連盟から日本のミクロネシア（南洋群島）委任統治が認められる。第二次世界大戦中には、日本軍の太平洋における最重要拠点のひとつとなり、アメリカとの間で激戦が繰り返された。戦後の1947年にはマーシャル諸島とともに国連の太平洋信託統治領としてアメリカの統治がはじまるが、1986年に独立。

＜国旗のいわれ＞水色は太平洋を、白の4個の星は主要な島々、ヤップ、チューク、ポンペイ、コスラエを象徴している。星の配置が十字型なのは、キリスト教が盛んなことと南十字星を表し、青と白は国連との関係の深さを示す。

国名の現地公用語での表記

英語　Federated States of Micronesia

グアム

Guam

国名コード	GUM
政庁の位置	北緯13.29：東経144.45

現地域旗の縦横の比率 22：41

国の成り立ちと国旗のいわれ

＜国の成り立ち＞西太平洋、マリアナ諸島南西端にあるアメリカ領の島。1521年マゼランが来航、その後スペイン領となるが、1898年米西戦争にアメリカが勝利し、グアムはアメリカへ割譲された。第二次大戦中の1941年から1944年までは日本が占領。戦後はアメリカの信託統治領となり、1950年に自治権をもつアメリカの準州となった。

＜旗のいわれ＞赤の縁取りは、チャモロ人によって流された血、マリンブルーの地色は、海と空、グアムの融和を表す。中央にはグアムの紋章があり、恋人岬の断崖と海を背景にした図柄が描かれている。楕円形はその昔グアム島で採れた石で造った投石器の石を表す。その中の絵は、ココナツの木はどのような状況下でも成長していく力を、川は他の人々と島の資源を共有する気持ちを、陸地はチャモロ人の環境に対する愛情と責任を表している。チャモロ人によって作られたプロア船も描かれている。

独立年	アメリカ合衆国準州（国際連合非自治地域）
政庁	ハガニア
面積	549㎢
人口	約16万人（2013年）
主な言語	英語、チャモロ語（公用語）
宗教	カトリック
政体	自治領
民族	チャモロ系（47％）、フィリピン系（25％）、その他（10％）
主要な通貨	アメリカ・ドル（USD）
主な対日輸出品	めばちまぐろ、きはだまぐろ
日本との国交	あり
現地域旗制定年	1948年2月9日

国名の現地公用語での表記

英語	Guam
チャモロ語	Guåhån

国名コード	ASM
政庁の位置	南緯14.16：西経170.42

アメリカ領サモア

American Samoa

現地域旗の縦横の比率 1：2

独立年	アメリカ合衆国準州（国際連合非自治地域）
政庁	パゴパゴ
面積	197.1k㎡
人口	約5万人（2015年）
主な言語	サモア語、英語（共に公用語）
宗教	キリスト教（会衆派教会（50％）、ローマ・カトリック（20％）、プロテスタント他（30％））
政体	自治領
民族	ポリネシア系サモア人（89％）、ポリネシア系トンガ人（4％）、白人（2％）、その他（5％）
主要な通貨	アメリカ・ドル（USD）
主な対日輸出品	めばちまぐろ、きはだまぐろ液晶デバイス・レーザー（レーザーダイオードを除く）及びその他の光学機器
日本との国交	あり
現地域旗制定年	1960年4月24日

国の成り立ちと国旗のいわれ

＜国の成り立ち＞南太平洋、サモア諸島の東半分を占め、サモア独立国の南東に位置する。1899年に西サモア（現サモア独立国）はドイツ領、東サモア（現アメリカ領サモア）がアメリカ領に分割、統治。1967年に発効した憲法により自治政府が成立。

＜旗のいわれ＞1960年に制定され、アメリカ国旗に使われる青・白・赤の配色が採用されている。この3色はサモア人の伝統でもあり、サモア独立国でも使われている。フライ側にはアメリカの国鳥ハクトウワシが描かれ、その脚にはサモアの伝統的な首長の権威を象徴する棍棒「ウアトギ」と、有力者の見識を表す儀式の杖「フェ」が握られている。

国名の現地公用語での表記

英語

American Samoa

サモア語

Amerika Sāmoa / Sāmoa Amelika

ニウエ
Niue

国名コード	NIU
首都の位置	南緯19.03：西経169.55

現地域旗の縦横の比率
1：2

国の成り立ちと国旗のいわれ

<国の成り立ち>1744年にイギリスの探検家ジェームズ・クックが来航。1900年にニウエ王の要請によりイギリスの保護領となる。1901年にクック諸島の一部としてニュージーランドの属領となる。1974年に内政自治権を獲得して、ニュージーランドとの自由連合国となった

<旗のいわれ>カントン部分に英国国旗が置かれた黄色の地の旗。カントンにある英国国旗には、手が加えられてあり、中央と上下左右に全部で5つの星がついている。地色の黄色はニウエの陽光とニュージーランドに対する温かい気持ちを表し、ユニオン・ジャックはかつてイギリスの保護国であった歴史と保護の象徴と表している。英国国旗の上の4つの小さな星は南十字星でニュージーランドとの協調を示し、中央にある青い円の上の大きな星は太平洋におけるニウエの自治を意味している。

独立年	1974年にニュージーランドから独立
政庁	アロフィ
面積	259km²（徳之島とほぼ同じ）
人口	1,500人(2013年)
主な言語	ニウエ語（ポリネシア語系）、英語
宗教	キリスト教(90%)
政体	立憲君主制
民族	ニウエ人（ポリネシア系）90%
主要な通貨	ニュージーランド・ドル（NZD）
主な対日輸出品	魚介類
日本との国交	あり
現地域旗制定年	1975年10月15日

国名の現地公用語での表記

ニウエ語	Niuē Fekai
英語	Niue

オセアニア

233

その他（国際機関他）

国際連合
United Nations

略称　UN

旗の縦横の比率　2:3

期間の成り立ちと旗のいわれ

＜機関の成り立ち＞
第二次世界大戦を防ぐことができなかった国際連盟の反省を踏まえて、第二次世界大戦の戦勝国である連合国が中心となり、1945年のサンフランシスコ会議で国連憲章が作成されて同年10月24日に原加盟国の大半が国連憲章に調印し、正式に誕生。原加盟国は51カ国だった。日本は1956年に加盟した80番目の加盟国。

＜旗のいわれ＞
1947年第2回国際連合総会で制定された。図柄は、北極を中心として描かれた正距図法の世界地図と、その両側を囲む平和の象徴オリーブの葉。これは国連が目指す全世界の平和の推進を示している。なお、他の旗と掲揚する場合、すべての旗よりも高い位置に掲揚されなければならず、旗の大きさも国連よりも大きいものはあってはならないと規定されている。

創設年	1945年10月24日
本部	アメリカ合衆国・ニューヨーク
加盟国数	193（2012年6月現在。2011年7月14日に南スーダンが加盟し193になった）
旗の制定年	1947年10月20日

国際連合児童基金

略称　UNICEF

旗の縦横の比率　2：3

United Nations International Children's Emergency Fund

期間の成り立ちと旗のいわれ

＜機関の成り立ち＞
1946年12月11日に設立された国連総会の補助機関。第二次世界大戦で被災した子供たちの緊急支援を行うために設立。以来、150カ国以上の国と地域で、保健、栄養、水・衛生、教育などの活動を実施している。

創設年　1946年12月11日
本部　アメリカ合衆国・ニューヨーク

国際連合教育科学文化機関

略称　UNESCO

旗の縦横の比率　2：3

United Nations Educational, Scientific and Cultural Organization

期間の成り立ちと旗のいわれ

＜機関の成り立ち＞
国際連合の経済社会理事会の下におかれた、教育、科学、文化の発展と推進を目的として設立された国連の専門機関。1945年11月16日に採択された「国際連合教育科学文化機関憲章」（ユネスコ憲章）に基づいて1946年11月4日に設立された。

創設年　1946年11月4日
本部　フランス・パリ
加盟国数　195（2016年3月現在）

略称　IAEA

国際原子力機関
International Atomic Energy Agency

旗の縦横の比率 2:3

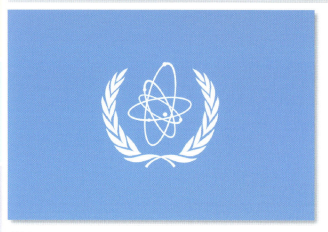

期間の成り立ちと旗のいわれ

＜機関の成り立ち＞
国連傘下の自治機関であり、原子力の平和利用を促進し、軍事転用されないための保障措置を実施する国際機関。1953年、アメリカ合衆国大統領のドワイト・D・アイゼンハワーによる国際連合総会演説「平和のための核」を契機として、1957年に創立された。

創設年　1957年7月29日
本部　オーストリア・ウィーン
加盟国数　159（2013年現在）

略称　WHO

世界保健機関
World Health Organization

旗の縦横の比率 2:3

期間の成り立ちと旗のいわれ

＜機関の成り立ち＞
「すべての人が可能な最高の健康水準に到達すること」（憲章第1条）を目的として設立された国連の専門機関。第二次世界大戦後、新たな健康に関する国際機関の設立が提唱され、1946年7月22日に国連経済社会理事会が世界保健機関の憲章を採択。連盟の保健局や国際公衆衛生事務局を解散して、1948年4月7日に世界保健機関が設立された。

創設年　1948年4月7日
本部　スイス・ジュネーブ
加盟国数　194（2016年5月現在）

旗の縦横の比率 2：3

石油輸出国機構
Organization of the Petroleum Exporting Countries

略称 OPEC

期間の成り立ちと旗のいわれ
＜機関の成り立ち＞
1960年8月、石油を寡占していた国際石油資本（メジャー）が前年に引き続き再び価格の引き下げを行うと、石油産出国はそれに反発し、1960年9月14日、イラクの呼びかけに応じてバグダッドに集まり、中東を中心とした産油国は石油輸出国機構を設立した。

創設年	1960年9月14日
本部	オーストリア・ウィーン
加盟国数	13（2016年現在）

旗の縦横の比率 2：3

欧州連合
European Union

略称 EU

期間の成り立ちと旗のいわれ
＜機関の成り立ち＞ 1967年に6カ国で構成された欧州諸共同体が発足。1993年に、政治的統合を強めた欧州連合（EU）へと発展した。1999年には単一通貨のユーロが導入されている。
＜旗のいわれ＞ 青地は青空、12個の星はすべての加盟国を表し、12という数字は完璧と充実を象徴している。星は、かつては加盟国数と同数だったが、今は12で固定されている。また、星の描く円環は、欧州の人々の連帯を表している。

創設年	1993年11月1日
本部	ベルギー・ブリュッセル
加盟国数	28（2013年7月現在）
旗の制定年	1986年5月26日

※ 2016年6月、英国が国民投票により、欧州連合（EU）離脱を表明。EU法50条で離脱協議期限2年間と定められているため、EU離脱手続きをしても、2年間は現状維持される見込み。（2016年6月現在）

略称	IRC

赤十字社
International Red Cross and Red Crescent Movement

旗の縦横の比率 2：3

創設年	1861年
本部	スイス・ジュネーブ
加盟国数	156カ国に赤十字社、34カ国に赤新月社（イスラエルの赤盾社を含めると2015年現在で計190カ国）

期間の成り立ちと旗のいわれ

＜機関の成り立ち＞スイス人実業家アンリ・デュナンの提唱により創立された、「人道・公平・中立・独立・奉仕・単一・世界性」の7原則を掲げて、世界各国に存在する人道的活動団体。赤十字国際委員会が主に紛争時に活動するのに対して、赤十字社は、主に国内での活動を行う。

＜旗のいわれ＞提唱者のアンリ・デュナンに敬意を表し、彼の母国スイスの国旗を反転させた色が使われている。イスラム諸国では、白地に赤の新月を描いた旗を使用し、組織そのものも「赤新月社」と呼んでいる。

略称	ICRC

赤十字国際委員会
International Committee of the Red Cross

旗の縦横の比率 2：3

創設年	1863年
本部	スイス・ジュネーブ

期間の成り立ちと旗のいわれ

＜機関の成り立ち＞
戦時における中立人道的活動を行う国際機関。1863年に創設。スイス人実業家のアンリ・デュナンにより提案された戦争の犠牲者に対する支援を実現するために設立された「5人委員会」が、後に「赤十字国際委員会」となる。

国際オリンピック委員会
International Olympic Committee

略称 IOC

旗の縦横の比率 2:3

創設年	1894年6月23日
本部	スイス・ローザンヌ
加盟国数	206（2015年現在）
旗の制定年	1920年

期間の成り立ちと旗のいわれ

＜機関の成り立ち＞非政府の非営利団体。1894年近代オリンピックの父といわれるクーベルタン男爵が、近代オリンピック設立を提言し、オリンピックを通じて世界平和を実現しようと訴えた。この提言の賛同者によって1894年にIOCが設立され、1896年のアテネオリンピック開催へとつながった。

＜旗のいわれ＞クーベルタン男爵により考案され、1920年のアントワープオリンピックで初掲揚された。中央に5色の5輪を描いた白旗。白は平和と競技参加国の友情を示す。この5色は世界の5大陸を表すが、どの色がどの大陸を表しているかは特定されていない。

国際パラリンピック委員会
International Paralympic Committee

略称 IPC

旗の縦横の比率 2:3

創設年	1989年9月22日
本部	ドイツ・ボン
加盟国数	177（2016年3月現在）
旗の制定年	1991年

期間の成り立ちと旗のいわれ

＜機関の成り立ち＞
障害者スポーツの国際的な統括組織として創設。定期的にパラリンピック大会を開催している。モットーである「Spirit in Motion」は、パラリンピック選手のすぐれたパフォーマンスと「人を勇気づける」というパラリンピックムーブメントの特性を表現している。

＜旗のいわれ＞
緑・赤・青の色は世界の国旗に最も使われている色として選ばれており、人間の最も大切な3つの構成要素である「心・肉体・魂」を表している。

付録
グレートブリテンおよび北アイルランド連合王国の旗

イングランド：England（英語）

イングランドは、グレートブリテンおよび北アイルランド連合王国（イギリス）を構成する四つの「国」のひとつ。国旗は、セント・ジョージ・クロスと呼ばれる白地に赤い十字の旗。セント・ジョージ・クロスはイギリス国旗（ユニオン・ジャック）の一部にもなっている。

ウェールズ：Wales（英語）、Cymru（ウェールズ語）

ウェールズは、グレートブリテンおよび北アイルランド連合王国（イギリス）を構成する四つの「国」のひとつ。赤い竜の旗がウェールズの国旗として公式に制定されたのは1959年。国旗は、ウェールズ語で赤い竜（Y Ddraig Goch）と呼ばれ、白と緑の二色の旗の上にウェールズの象徴である「赤い竜」を描いている旗。ウェールズ国旗は、連合王国を構成する国の国旗のうち、唯一イギリス国旗（ユニオンジャック）の中に使われていない。

スコットランド：Scotland（英語、スコットランド語）Alba（ゲール語）

スコットランドは、グレートブリテンおよび北アイルランド連合王国（イギリス）を構成する四つの「国」のひとつ。国旗は、青地に白のセント・アンドリュー・クロス（St.Andrew's Cross）と呼ばれている。セント・アンドリュー・クロスは、X字型の十字にかけられて殉教した、十二使徒の一人でスコットランドの守護聖人であるセント・アンドリュー（聖アンデレ）を象徴している。セント・アンドリュー・クロスはイギリス国旗（ユニオン・ジャック）の一部にもなっている。

北アイルランド：Northern Ireland（英語）、
　　　　　　　　Tuaisceart Éireann（アイルランド語）、
　　　　　　　　Norlin Airlann（アルスタースコットランド語）

北アイルランドは、グレートブリテンおよび北アイルランド連合王国（イギリス）を構成する四つの「国」のひとつ。セント・パトリック・クロスと呼ばれている。イギリス国旗（ユニオン・ジャック）の一部を構成するセント・パトリック・クロスは1782年に内政自治権を与えられて制定したものだが、1972年に非公式とされた。実際にはイングランド国旗のセント・ジョージ・クロスの上に、王冠と六角星と右手が描かれている旗が北アイルランドの旗とされている。北アイルランドには現在「法律上」の国旗は存在しない。

240

ブルー・エンサイン

1801年より使用。イギリスに関連する組織と領土によって使用されている。青地でカントン（Canton）にユニオン・ジャック。

レッド・エンサイン

1801年より使用。イギリスの商船によって使用される商船旗。赤地でカントン（Canton）にユニオン・ジャック。

アメリカ合衆国の州旗

各州旗
①州名　②英字州名表記　③略号
④加盟年月日　⑤州旗制定年　⑥州都　⑦州最大都市
州名のいわれ

①アラバマ州　②Alabama　③AL
④1819.12.14　⑤1895.11.13　⑥モンゴメリー　⑦バーミングハム

インディアン部族のチョクトー族の「アルバ・アヤムレ＝繁みを拓く」や、アラバマ族の「アルビナ＝野営する」という言葉に由来。

①アラスカ州　②Alaska　③AK
④1959.01.03　⑤1927.07.09　⑥ジュノー　⑦アンカレッジ

この地の先住民のアレウト族の言葉で「半島」を意味するAlakshak（アラクシャク）、あるいは「本土」、より語義的には「海の動きが向けられている対象」を意味するalaxsxaqから採られた。

①アリゾナ州　②Arizona　③AZ
④1912.02.14　⑤1917.01.25　⑥フェニックス　⑦フェニックス

州の名前の由来は諸説あり。インディアン部族のパパゴ族のalonak（小さな泉の意）とする説、アステカ族のarizuma（銀の支柱の意）とする説、スペイン語のárida zona（乾燥地帯の意）とする説、バスク語でaritz ona（良いオークの意）、など。

241

①アーカンソー州　②Arkansas　③AR
④1836.06.15　⑤1924.03.16　⑥リトルロック　⑦リトルロック

インディアン部族のクアポー族の別名「アーカンサス族」から採られた。アルゴンキン語族の言葉で「下流の人々」を意味する。

①カリフォルニア州　②California　③CA
④1850.09.09　⑤1911.02.03　⑥サクラメント　⑦ロサンゼルス

カリフォルニアの語源は黒人のアマゾン族の人々が住み、女王カリフィアが支配する空想上の天国から派生したという説が一般的に信じられている。

①コロラド州　②Colorado　③CO
④1876.08.01　⑤1911.12.04　⑥デンバー　⑦デンバー

スペイン人探検家メルコール・ディアスが名づけたコロラド川に由来。「コロラド」という言葉は「赤みをおびた」を意味するスペイン語で、コロラド川が山岳部から運ぶ赤い沈泥を表している。

①コネチカット州　②Connecticut　③CT
④1788.01.09　⑤1897.09.09　⑥ハートフォード　⑦ブリッジポート

イギリスから最初に独立した13植民地のうちのひとつ。「コネチカット」は、インディアン部族のモヘガン族の言葉で、「長い川が流れる土地（Quinnehtukqut）」という意味。

①デラウェア州　②Delaware　③DE
④1787.12.07　⑤1913.07.24　⑥ドーバー　⑦ウィルミントン

イギリスから最初に独立した13植民地のうちで最初にアメリカ合衆国憲法を批准した州（1787年12月7日）であることから、「First State」としても知られている。州名は、1610年、探検家アーゴルがイギリスからバージニア植民地に向かう途中で発見した湾を当時のバージニア初代総督デラウェア卿に因んで名づけたことに由来。

①フロリダ州　②Florida　③FL
④1845.03.03　⑤1900.09.24　⑥タラハシー　⑦ジャクソンビル

フロリダという名前の由来は、スペインの探検家ポンセ・デ・レオンがこの地に初めて到着した1513年4月2日が、スペインの復活祭の花祭「パスクア・デ・フロリダ」であったことに由来。

①ジョージア州　②Georgia　③GA
④1788.01.02　⑤2003.05.08　⑥アトランタ　⑦アトランタ

イギリスから最初に独立した13植民地のうちのひとつ。当時のイギリス国王ジョージ2世に因む植民地名に由来。

①ハワイ州　②Hawaii　③HI
④1959.08.21　⑤1845.12.29　⑥ホノルル　⑦ホノルル

ハワイという名前は、原始ポリネシア語の Sawaiki から派生した言葉。

①アイダホ州　②Idaho　③ID
④1890.07.03　⑤1957.11.02　⑥ボイシ　⑦ボイシ

この地のインディアン部族のショショーニ族の言葉でショショーニ語の感嘆詞「ee-da-how」から「アイダホ」から派生。

①イリノイ州　②Illinois　③IL
④1818.12.03　⑤1969.06.27　⑥スプリングフィールド　⑦シカゴ

「イリノイ」という名前は、この地のインディアン部族のイリニ族にフランス人宣教師や探検家がつけた名前を現代風に綴ったものに由来。

①インディアナ州　②Indiana　③IN
④1816.12.11　⑤1917.05.31　⑥インディアナポリス　⑦インディアナポリス

「インディアナ」という名前は「インディアンの土地」という意味から。オハイオ川から北の地域の大半は依然として先住民族が住んでいたという事実にも拠っている。

①アイオワ州　②Iowa　③IA
④1846.12.28　⑤1921.03.12　⑥デモイン　⑦デモイン

「アイオワ」という名前は、インディアン部族のスー族の言葉で「眠たがり」という意味から。

①カンザス州　②Kansas　③KS
④1861.01.29　⑤1961.09.22　⑥トピカ　⑦ウィチタ

「カンザス」という名前は、この地のインディアン部族のカンサ族に由来し、部族名が州内を流れるカンザス川の名前に転じて州名となった。

①ケンタッキー州　②Kentucky　③KY
④1792.06.01　⑤1918.03.26　⑥フランクフォート　⑦ルイビル

「ケンタッキー」の名前の由来は定かでないが、この地のインディアン部族のチェロキー族の「暗い血まみれの大地」、またはイロコイ族のイロコイ諸語で「平原」を指す言葉から名づけられたという、いくつかの説がある。

①ルイジアナ州　②Louisiana　③LA
④1812.04.30　⑤2006.05.07　⑥バトンルージュ　⑦ニューオーリンズ

この地方を探検したフランス人探検家ロベール＝カブリエ・ド・ラ・サールによって、フランス国王ルイ14世に因んでルイジアナと名づけられたことに由来する。

①メイン州　②Maine　③ME
④1820.03.15　⑤1909.06.16　⑥オーガスタ　⑦ポートランド

「メイン」という名前の起源は諸説あり。歴史家の多くはフランスのメーヌ州(Maine)の名前が英語読みでメインになったと信じている。また、海岸沿いの島に住むことになったイギリス人入植者が本土（メインランド）に行くことを「メインに行く」と表現したことからついた名前だという説もある。

①メリーランド州　②Maryland　③MD
④1788.04.28　⑤1904.11.25　⑥アナポリス　⑦ボルチモア

当時、イングランド国内で禁じられていたカトリック信仰の擁護者的存在になったヘンリエッタ・マリア・オブ・フランス王妃の名前に因んで、イギリス植民地時代に王妃の栄誉を称えて州名として名づけられた。

①マサチューセッツ州　②Massachusetts　③MA
④1788.02.06　⑤1971.03.21　⑥ボストン　⑦ボストン

「マサチューセッツ」の名前は、かつてマサチューセッツ湾の周辺に居住していたインディアン部族のマサチューセッツ族に因む。1620年、メイフラワー号に乗ってイギリスのピューリタン（清教徒）がマサチューセッツに移住を始める。

①ミシガン州	②Michigan	③MI	
④1837.01.26	⑤1911.06.26	⑥ランシング	⑦デトロイト

「ミシガン」の名前は、この地のインディアン部族のチッペワ族の言葉で「大きな湖」から由来。

①ミネソタ州	②Minnesota	③MN	
④1858.05.11	⑤1983.08.02	⑥セントポール	⑦ミネアポリス

「ミネソタ」の名前は、インディアン部族のダコタ・スー族の言葉で「水」を意味するmniと、「曇り空のような」を意味するsotaを合わせた造語で、「曇り空の色に染まった水」という意味。もともとはミシシッピ川の支流のひとつであるミネソタ川につけられたもの。

①ミシシッピ州	②Mississippi	③MS	
④1817.12.10	⑤1894.04.23	⑥ジャクソン	⑦ジャクソン

「ミシシッピ」の名前は、インディアン部族のオジブワ族の部族語で「大きな川」を意味するミシシッピ川に由来している。

①ミズーリ州	②Missouri	③MO	
④1821.08.10	⑤1913.09.04	⑥ジェファーソンシティ	⑦カンザスシティ

「ミズーリ」の名前は、インディアン部族のアルゴンキン語族の言葉で「泥の水（ミズーリ川のこと）」から由来している。

①モンタナ州	②Montana	③MT	
④1889.11.08	⑤1981.12.17	⑥ヘレナ	⑦ビリングス

モンタナ州の西側の3分の1には多くの山脈が走っていて、中央の3分の1には小型の孤立型山脈がある。これらモンタナ州にある77の山脈は、ロッキー山脈の一部を形成しているとい地形的特徴と、スペイン語の montaña（山、mountain）に由来して、州の名前がつけられた。

①ネブラスカ州	②Nebraska	③NE	
④1867.03.01	⑤1963.07.16	⑥リンカーン	⑦オマハ

「ネブラスカ」の名前は、古代オトー語のÑi Brásge、あるいはオマハ語のNí Btháskaから由来しているとされている。いずれの言葉も州内を流れるプラット川に因み「静水」を意味している。

245

①ネバダ　②Nevada　③NV
④1864.10.31　⑤1991.07.25　⑥カーソンシティ　⑦ラスベガス

「ネバダ」の名前は、近くにあるシエラネバダ山脈から由来する。シエラネバダとはスペイン語で「雪に覆われた山脈」を意味する。

①ニューハンプシャー州　②New Hampshire　③NH
④1788.06.21　⑤1931.11.30　⑥コンコード　⑦マンチェスター

州の名前は、イギリスのハンプシャーに因んでニューハンプシャー植民地と名づけられた。

①ニュージャージー州　②New Jersey　③NJ
④1787.12.18　⑤1896.03.11　⑥トレントン　⑦ニューアーク

イギリスから最初に独立した13植民地うちのひとつ。州名はイギリス海峡に位置するチャンネル諸島のジャージー島に由来。

①ニューメキシコ州　②New Mexico　③NM
④1912.01.06　⑤1920.09.18　⑥サンタフェ　⑦アルバカーキ

1563年にメキシコの遥か北まで探検したスペイン人フランシスコ・デ・イベラが最初に使い、その発見してきた所が「ニューメキシコ（ヌエボ・メヒコ）」であるとして報告したことに始まる。その後、スペイン人フアン・デ・オニャーテが1588年に新しいニューメキシコ植民地の初代知事に指名されたときに、公式にその名前を採用したことに由来。

①ニューヨーク州　②New York　③NY
④1788.07.26　⑤1901.04.02　⑥オルバニー　⑦ニューヨーク

「ニューヨーク」の名前は、17世紀イングランドのヨーク公、後のジェームズ2世に因んで名づけられた。

①ノースカロライナ州　②North Carolina　③NC
④1789.11.21　⑤1885.03.02　⑥ローリー　⑥シャーロット

イギリスから最初に独立した13植民地のうちのひとつ。「カロライナ」の名前は、イングランド王チャールズ1世（チャールズのラテン語名Carolus）を称えて名づけたカロライナ植民地から由来。植民地の統治に関する意見の相違から1710年に北と南の2つの地域に分けられ、1729年に正式にノースカロライナ植民地とサウスカロライナ植民地に分割された。

①ノースダコタ州　②North Dakota　③ND
④1889.11.02　⑤1943.11.09　⑥ビスマーク　⑦ファーゴ

ノースダコタの「ダコタ」という名前は、インディアン部族のダコタ族の言葉で「仲間」という意味に由来する。1889年ダコタ準州内の人口増加によりだ南北の地域に分けられサウスダコタとノースダコタが誕生。

①オハイオ州　②Ohio　③OH
④1803.03.01　⑤1902.07.10　⑥コロンバス　⑦コロンバス

「オハイオ」の名前は、インディアン部族のイロコイ族の言葉で、「美しい川」または「偉大な川」に由来。

①オクラホマ州　②Oklahoma　③OK
④1907.11.16　⑤2006.05.23　⑥オクラホマシティ　⑦オクラホマシティ

「オクラホマ」の名前は、インディアン部族のチョクトー族の言葉でoklaとhummaを合わせた「赤い人々」に由来。

①オレゴン州　②Oregon　③OR
④1859.02.14　⑤1925.04.15　⑥セイラム　⑦ポートランド

州の名前の由来は諸説あるが、『Oregon Geographic Names』という本の中に地名学者ジョージ・R・スチュワートが1944年に雑誌「アメリカン・スピーチ」に掲載した記事がもっともらしい説明だと書かれている。それには、「オレゴン」という名前は18世紀初期に発行されたフランスの地図で活版師がスペルを彫り間違いしたことから生まれたというもの。この説ではウィスコンシン川（Ouisiconsink）のOuaricon-sintという綴りが2文字に分割されてしまい、西に流れる川がOuariconと呼ばれているように思われたというもの。

①ペンシルベニア州　②Pennsylvania　③PA
④1787.12.12　⑤1907.04.24　⑥ハリスバーグ　⑦フィラデルフィア

「ペンシルベニア」の名前は、最初、植民地の創建者イギリス人クェーカー教徒のウィリアム・ペン（William Penn）がクェーカー教徒の信教の自由を保障する地としてシルベニア（ラテン語の森）として名づけたものを、後にウイリアム・ペンが父ウイリアム・ペン郷に敬意を表して、そこに姓を加えて「ペンの森（ペンシルバニア）」と改称したことに由来。

247

①ロードアイランド州　②Rhode Island　③RI
④1790.05.29　⑤1897.11.01　⑥プロビデンス　⑦プロビデンス

ロードアイランド州の正式名称は、ロードアイランドと及びプロビデンス・プランテーション州。イギリスから最初に独立した13植民地のうちのひとつで、全米50州のうちでもっとも小さい州だが州名は一番長い。州名の由来は諸説あるが、ロードアイランドを最初に発見したイタリア人探検家ベラッツァーノがロードアイランド（アクィドネック島）がギリシャのロードス島に似ていると言ったことが後々まで伝わって名前がついたものと、イギリス人ロジャー・ウィリアムズが、この地をバプテスト派開拓者のための宗教的自由の地と宣言し、プロビデンス（神の摂理）と名づけたことに由来。

①サウスカロライナ州　②South Carolina　③SC
④1788.05.23　⑤1861.01.28　⑥コロンビア　⑦コロンビア

イギリスから最初に独立した13植民地のうちのひとつ。「カロライナ」の名前は、イングランド王チャールズ1世（チャールズのラテン語名Carolus）を称えて名づけたカロライナ植民地から由来。植民地の統治に関する意見の相違から1710年に北と南の2つの地域に分けられ、1729年に正式にノースカロライナ植民地とサウスカロライナ植民地に分割された。

①サウスダコタ州　②South Dakota　③SD
④1889.11.02　⑤1992.11.09　⑥ピア　⑦スーフォールズ

「ダコタ」という名前は、インディアン部族のダコタ族（スー族）の言葉「ダコタ（仲間）」に由来する。1889年、ダコタ準州内の人口増加により、南北の地域に分けられ、サウスダコタとノースダコタが誕生。

①テネシー州　②Tennessee　③TN
④1796.06.01　⑤1905.04.17　⑥ナッシュビル　⑦メンフィス

「テネシー」という名前は、この地のインディアン部族のチェロキー族の「タナシ村」から採ったものと言われている。

①テキサス州　②Texas　③TX
④1845.12.29　⑤1933.08.31　⑥オースティン　⑦ヒューストン

「テキサス」の名前は、インディアン部族のハシーナイ連合（カドー族）のカドー語で「友人」または「同盟者」を意味する「テイシャ」に由来している。また、この地がスペイン領だった頃、スペイン人がカドー族と東テキサスにおける入植地域の名前にカドー語の名前をした。

248

①ユタ州　　　　　②Utah　　　　　③UT
④1896.01.04　　⑤2011.03.09　　⑥ソルトレイクシティ　⑦ソルトレイクシティ

「ユタ」の名前は、この地のインディアン部族のユテ族から由来する。ユタ族のユタは、部族の言葉で「山の民」のこと。

①バーモント州　　②Vermont　　　③VT
④1791.03.04　　⑤1923.06.01　　⑥モントピリア　　⑦バーリントン

1609年フランス人探検家サミュエル・ド・シャンプランが現在のシャンプレーン湖の辺りの領有を宣言し、そこの山脈に「les Verts Monts（グリーン・マウンテン）」と名づけたことに由来する。建国に関わった13州以外で、最初にアメリカ合衆国に加盟した州（14番目）。

①バージニア州　　②Virginia　　　③VA
④1788.06.25　　⑤1861.01.31　　⑥リッチモンド　　⑦バージニアビーチ

イギリスから最初に独立した13植民地のうちのひとつ。1584年に廷臣ウォルター・ローリーが、この地域一帯を探検した時のイギリス女王エリザベス1世（結婚しなかったので「バージン・クイーン」として知られている）に因んでつけられた「バージニア」に由来する。南北戦争でバージニア州がアメリカ連合国に属した時に、西側の奴隷制度に反対する地域が分離独立してウェストバージニア州となった。

①ワシントン州　　②Washington　　③WA
④1889.11.11　　⑤1923.08.25　　⑥オリンピア　　⑦シアトル

州の名前は、アメリカ建国の父でアメリカ合衆国初代大統領ジョージ・ワシントンに由来。アメリカ合衆国の州で唯一、歴代の大統領の名前がつけられた州。首都のワシントンD.C.と区別するためにワシントン州と呼ばれるが、州民は「ワシントン」と呼び、首都の方は「ワシントンD.C.」あるいは単純に「D.C.」と呼んでいる。

①ウェストバージニア州②West Virginia　③WV
④1863.06.20　　⑤1929.03.07　　⑥チャールストン　　⑦チャールストン

イギリスから最初に独立した13植民地のうちのひとつ。1584年に廷臣ウォルター・ローリーが、この地域一帯を探検した時のイギリス女王エリザベス1世（結婚しなかったので「バージン・クイーン」として知られている）に因んでつけられた「バージニア」に由来する。もともとバージニアはひとつだったが、1863年南北戦争でバージニア州がアメリカ連合国に属した時に、西側の奴隷制度に反対する地域が分離独立してウェストバージニア州となった。

①ウィスコンシン州　②Wisconsin　③WI
④1848.05.29　⑤1979.09.17　⑥マディソン　⑦ミルウォーキー

　州の名前は、インディアン部族のオジブワ族の言葉で「赤い石の地」(「湖水河川の集合」や「巨大な岩」を意味するという説もある)を意味する「Miskwasiniing」がフランス語風になまったものが由来とされる。

①ワイオミング州　②Wyoming　③WY
④1890.07.10　⑤1917.03.04　⑥シャイアン　⑦シャイアン

「ワイオミング」という名前は、インディアン部族のアルゴンキン語族の言葉で「大平原」という意味から由来している。実際に、ワイオミング州の東3分の1はハイプレーンズと呼ばれ、広大なグレートプレーンズの西部にあたり標高の高い平原地帯が広がっている。

都市名：ワシントンD.C.(ワシントン特別区：アメリカ合衆国首都)　**略号**：DC
英文名：Washington, District of Columbia

「D.C.」とは「District of Columbia（コロンビア特別区）」の頭文字で、アメリカ大陸を「発見」したクリストファー・コロンブスに因んで名づけられた。1800年に最初の議会が開かれた。ワシントン市（The City of Washington）は、1790年7月16日に創設されたコロンビア特別領（Territory of Columbia）の独立した地方自治体の名称だったが、1871年の連邦法によりこの領域全体を統括する単一の地方自治体が設立されることになり、ワシントン市とコロンビア特別領が統合されてコロンビア特別区 (District of Columbia) が成立した。

- 本書では、2016年5月31日現在の独立国（北朝鮮を含む日本政府承認国）および地域の国旗・地域旗、国際機関旗を掲載。
- 本書に掲載している国旗の縦横比率は、国連で採用している縦2：横3の比率を基本にしているが、一部、異なった縦横比率を採用したものもある（現国旗の正式な縦横比率は各国別に本文中に記載）。
- 各国のデータは利用可能な最新の国勢調査に基づくものを使用しているため、調査年は国によってそれぞれ異なっている。各国の人口については万人単位で統一した。
- 首都に関しては、一般的に首都といわれているところを示している。
- 本書では、台湾（中華民国）に関して、日本政府が1972年9月に日中共同声明を発表して中華人民共和国と国交を結んだことで、「二つの中国」を認めていない立場から、国交関係のあった中華民国とは断交し、非政府間の実務関係として、関わりは維持されている。
- 参考資料・参考図書：
  各種データは、下記およびそれらに関連する情報機関・インターネット上で提供している各種情報などを参照した。

    外務省ホームページ
    各国駐日大使館ホームページ
    財務省貿易統計
    総務省ホームページ
    ジェトロ―日本貿易振興会ホームページ
    国際オリンピック委員会ホームページ
    世界銀行ホームページ

    Timeanddate.com
    『コンパクト地図帳』（二宮書店、平成24年3月10日発行）
    『詳細地図帳COMPLETE2012』（帝国書院、平成24年2月25日発行）

アイウエオ順　INDEX

国名（ア～オ）

ア

アイスランド共和国	60
アイルランド	61
アゼルバイジャン共和国	104
アフガニスタン・イスラム共和国	16
アメリカ合衆国	174
アメリカ領ヴァージン諸島※	199
アメリカ領サモア※	232
アラブ首長国連邦	17
アルジェリア民主人民共和国	118
アルゼンチン共和国	203
アルバ※	197
アルバニア共和国	62
アルメニア共和国	105
アンゴラ共和国	119
アンティグア・バーブーダ	176
アンドラ公国	63

イ

イエメン共和国	18
イギリス領ヴァージン諸島※	200
イスラエル国	19
イタリア共和国	64
イラク共和国	20
イラン・イスラム共和国	21
インド	22
インドネシア共和国	23

ウ

ウガンダ共和国	120
ウクライナ	106
ウズベキスタン共和国	107
ウルグアイ東方共和国	204

エ

英国（グレートブリテン及び北アイルランド連合王国）	65
エクアドル共和国	205

エジプト・アラブ共和国	121
エストニア共和国	66
エチオピア連邦民主共和国	122
エリトリア国	123
エルサルバドル共和国	177

オ

オーストラリア連邦	216
オーストリア共和国	67
オマーン国	24
オランダ王国	68

国名（カ～コ）

カ

ガイアナ共和国	206
カザフスタン共和国	108
カタール国	25
ガーナ共和国	124
カナダ	175
カーボヴェルデ共和国	125
ガボン共和国	126
カメルーン共和国	127
ガンビア共和国	128
カンボジア王国	26

キ

ギニア共和国	129
ギニアビサウ共和国	130
キプロス共和国	69
キューバ共和国	178
ギリシャ共和国	70
キリバス共和国	217
キルギス共和国	109

ク

グアテマラ共和国	179
グアム※	231
クウェート国	27

クック諸島	218
グレナダ	180
クロアチア共和国	71

ケ
ケイマン諸島※	198
ケニア共和国	131

コ
コスタリカ共和国	181
コソボ共和国	72
コートジボワール共和国	132
コモロ連合	133
コロンビア共和国	207
コンゴ共和国	134
コンゴ民主共和国	135

国名（サ〜ソ）

サ
サウジアラビア王国	28
サモア独立国	219
サントメ・プリンシペ民主共和国	136
ザンビア共和国	137
サンマリノ共和国	73

シ
シエラレオネ共和国	138
ジブチ共和国	139
ジャマイカ	182
ジョージア	110
シリア・アラブ共和国	29
シンガポール共和国	30
ジンバブエ共和国	140

ス
スイス連邦	74
スウェーデン王国	75
スーダン共和国	141

スペイン	76
スリナム共和国	208
スリランカ民主社会主義共和国	31
スロバキア共和国	77
スロベニア共和国	78
スワジランド王国	142

セ
赤道ギニア共和国	144
セーシェル共和国	143
セネガル共和国	145
セルビア共和国	79
セントクリストファー・ネーヴィス	183
セントビンセントおよびグレナディーン諸島	184
セントルシア	185

ソ
ソマリア共和国	146
ソロモン諸島	220

国名（タ〜ト）

タ
タイ王国	32
大韓民国	33
台湾（中華民国）※	54
タジキスタン共和国	111
タンザニア連合共和国	147

チ
チェコ共和国	80
チャド共和国	148
中央アフリカ共和国	149
中華人民共和国	34
チュニジア共和国	150
朝鮮民主主義人民共和国	35
チリ共和国	209

ツ
ツバル　221

テ
デンマーク王国　81

ト
ドイツ連邦共和国　82
トーゴ共和国　151
ドミニカ国　187
ドミニカ共和国　186
トリニダード・トバゴ共和国　188
トルクメニスタン　112
トルコ共和国　36
トンガ王国　222

国名（ナ〜ノ）

ナ
ナイジェリア連邦共和国　152
ナウル共和国　223
ナミビア共和国　153

ニ
ニウエ※　233
ニカラグア共和国　189
ニジェール共和国　154
日本　37
ニュージーランド　224

ネ
ネパール連邦民主共和国　38

ノ
ノルウェー王国　83

国名（ハ〜ホ）

ハ
ハイチ共和国　190

パキスタン・イスラム共和国　39
バチカン　84
パナマ共和国　191
バヌアツ共和国　225
バハマ国　192
パプアニューギニア独立国　226
バミューダ島※　201
パラオ共和国　227
パラグアイ共和国　210
バルバドス　193
パレスチナ自治政府※　55
バーレーン王国　40
ハンガリー　85
バングラデシュ人民共和国　41

ヒ
東ティモール民主共和国　42

フ
フィジー共和国　228
フィリピン共和国　43
フィンランド共和国　86
プエルトリコ米国自治連邦局※　202
ブータン王国　44
ブラジル連邦共和国　211
フランス共和国　87
ブルガリア共和国　88
ブルキナファソ　155
ブルネイ・ダルサラーム国　45
ブルンジ共和国　156

ヘ
ベトナム社会主義共和国　46
ベナン共和国　157
ベネズエラ・ボリバル共和国　212
ベラルーシ共和国　113
ベリーズ　194
ペルー共和国　213

ベルギー王国　89

ホ

ボスニア・ヘルツェゴビナ　91

ボツワナ共和国　158

ポーランド共和国　90

ボリビア多民族国　214

ポルトガル共和国　92

香港※　56

ホンジュラス共和国　195

国名（マ〜モ）

マ

マカオ※　57

マケドニア旧ユーゴスラビア共和国　93

マーシャル諸島共和国　229

マダガスカル共和国　159

マラウイ共和国　160

マリ共和国　161

マルタ共和国　94

マレーシア　47

ミ

ミクロネシア連邦　230

南アフリカ共和国　162

南スーダン共和国　163

ミャンマー連邦共和国　48

メ

メキシコ合衆国　196

モ

モザンビーク共和国　164

モナコ公国　95

モーリシャス共和国　165

モーリタニア・イスラム共和国　166

モルディブ共和国　49

モルドバ共和国　114

モロッコ王国　167

モンゴル国　50

モンテネグロ　96

国名（ヨ／ラ〜ロ）

ヨ

ヨルダン・ハシェミット王国　51

ラ

ラオス人民民主共和国　52

ラトビア共和国　97

リ

リトアニア共和国　98

リビア　168

リヒテンシュタイン公国　99

リベリア共和国　169

ル

ルクセンブルク大公国　101

ルーマニア　100

ルワンダ共和国　170

レ

レソト王国　171

レバノン共和国　53

ロ

ロシア連邦　115

※地域

海外領土（自国外の地域において有する領土）等

※その他（国際機関他）P234〜P250は、
アイウエオ順INDEXに含まれていません。

改訂版 世界の国旗　〜国旗で学ぶ世界の国々〜

2016 年　8 月 19 日　　　第 1 刷発行

編　　著：　メトロポリタンプレス
発 行 者：　深澤徹也
発 行 所：　メトロポリタンプレス
　　　　　　〒 173-0004　東京都板橋区板橋 3-2-1
　　　　　　電話：03-5943-6430（代表）
　　　　　　http://www.metpress.co.jp

印 刷 所：株式会社ティーケー出版印刷

©2016 Metropolitan Press Corporation
ISBN978-4-907870-35-5 C0025　Printed in Japan

■本書の内容、ご質問に関するお問い合わせは、
　メトロポリタンプレス（Tel：03-5943-6430 ／ email: info@metpress.co.jp）まで。
■乱丁本、落丁本はお取り換えします。
■本書の内容（写真・図版を含む）の一部または全部を事前の許可なく無断で複製・
複写したり、または著作権法に基づかない方法により引用し、印刷物・電子メディ
アに転載・転用することは、著作権者および出版社の権利の侵害となり、著作権法
により罰せられます。